Dieter Flohr
Der Fliegende Holländer

Der Fliegende Holländer. Nach einem Gemälde von Ernst Bosch

Dieter Flohr

DER FLIEGENDE HOLLÄNDER

Legenden und Tatsachen

HINSTORFF

Für Sebastian, Marcus, Tobias und Jonas,
meine Enkel

Die Deutsche Bibliothek – CIP-Einheitsaufnahme

Flohr, Dieter:
Der Fliegende Holländer: Legenden und Tatsachen / Dieter Flohr.
- 1. Aufl. - Rostock : Hinstorff 2002

ISBN 3-356-00974-5

© Hinstorff Verlag GmbH, Rostock 2002
1. Auflage 2002
Layout und Satz: bs
Druck und Bindung: Neumann & Nürnberger, Leipzig
Printed in Germany
ISBN 3-356-00974-5

Die Schiffer an den Rudern sind verdorrt.
Als Mumien schlafen sie auf ihrer Bank.
Und ihre Hände sind wie Wurzeln lang
hereingewachsen in den morschen Bord.
Ihr Schifferzopf wand sich wie ein Barett
um ihren Kopf herum, der schwankt im Wind.
Und auf den Hälsen, die wie Röhren sind,
hängt jedem noch ein großes Amulett [...]

Georg Heym (1887-1912)

ABBILDUNGSVERZEICHNIS

Dieter Stroh, *S. 51*
Hinstorff Verlag Rostock *S. 8, 13, 14, 18, 21, 24, 33, 46-49, 52, 62, 66, 94, 98, 100, 109, 117*
Lore Jacobi, Leipzig *S. 32, 79, 106*
Sammlung Dieter Flohr *S. 12, 22, 26, 37, 56, 59, 61, 76*
Sammlung Reiner Däbritz *S. 105*
Schifffahrtsmuseum Rostock *S. 20, 108, 114*
Verlag Delius, Klasing & Co, Bielefeld, *S. 36, 38, 72, 75, 102, 122*
Verlag der Kunst, Dresden *S. 95*
Verlag Neues Leben, Berlin *S. 97, 101, 110, 120*
Vineta-Museum, Barth *S. 28*

INHALT

VORWORT   9

ERSTES KAPITEL
Schreckensruf am Kap der Guten Hoffnung   11

ZWEITES KAPITEL
Die Männer vor dem Mast   17
Essen und Trinken an Bord   27
Des Dichters Johann Gottfried Seumes qualvolle
Fahrt nach Übersee   31
86 Tage im Orkan   32

DRITTES KAPITEL
Der Fliegende Holländer – fiktive Gestalt oder
reale Person?   35
Kapitän Barent Fokke   37
Die Sage vom Kapitän Van der Decken   40
Die Holländersage, wie sie in der Bretagne
erzählt wurde   41
Der Fliegende Holländer im deutschen
Sprachraum   43

VIERTES KAPITEL
Ursprünge der Holländersage   46

FÜNFTES KAPITEL
Der Fliegende Holländer erobert die Literatur   55
Erzähler und Tondichter nehmen sich der
Legende an   56
Das Holländerlied wurde auf einem
mecklenburgischen Segler geboren   58
Heinrich Smidts Geschichte von Kapitän Vanderdecken   63
Bücher in den Seekisten   73
Das Geisterschiff oder der Fliegende Holländer
im Märchen   77
Der Fliegende Holländer segelt ins Feuilleton   86

SECHSTES KAPITEL
Die Fuhrleute Europas 92
Die Holländische Ostindische Kompanie 96
Der Siegeszug der Fleute 98

SIEBENTES KAPITEL
Das Grauen auf See 103
Katastrophen auf dem Meer 105
Der Fliegende Holländer von Wismar 111

ACHTES KAPITEL
Der Fliegende Holländer in der Kulturgeschichte 116

QUELLENVERZEICHNIS 124

VORWORT

Die Legende vom Fliegenden Holländer hat mich seit vielen Jahren beschäftigt. Insbesondere ließ mich die Suche nach deren Ursprung nicht los. Die Anregung, den Hintergründen nachzugehen, verdanke ich Klaus Krumsieg, dem leider viel zu früh verstorbenen Museologen aus Dresden. Bei meinen vielen Recherchen stieß ich immer wieder auf »wahrhaftige Berichte« von Fahrensleuten über ihre Begegnungen mit dem Fliegenden Holländer. Diese Schilderungen sind seit Jahrhunderten von Generation zu Generation weitererzählt worden. Dabei dürften sie fantasiebeladene Ausschmückungen erfahren haben, die es heute so schwer machen, Bezüge auf tatsächliches Geschehen zu erkennen.

Ohne Zweifel haben sich die Erzählungen vom Fliegenden Holländer, dem unheimlichen Geistersegler, als unsterblich erwiesen. Die Sage ist durchaus als die klassische Seefahrersage zu bezeichnen. In ihr leben die unzähligen Segelschiffsmatrosen längst vergangener Tage weiter.

Ich zähle mich zu den Autoren, die der Holländersage durchaus realistische Hintergründe einräumen und sie durchaus für erklärbar halten. In diesem Buch versuche ich deshalb, das Ergebnis meiner Überlegungen zusammenzufassen. Vor allem möchte ich die These der Erklärbarkeit mit vielen Indizien und Beweisen untermauern. Dabei schien es mir auch unverzichtbar, auf einige der wichtigsten originalen Holländer-Texte von Dichtern und Schriftstellern wie Heinrich Heine, Richard Wagner, Heinrich Smidt, Frederick Marryat und Wilhelm Hauff zurück zu greifen. Sie können dem Leser einen Überblick über den »Kenntnisstand« über den ewig auf dem Meer kreuzenden Kapitän Ausgang des 19. Jahrhunderts geben. Diese Zitate wurden in der damals üblichen deutschen Rechtschreibung übernommen.

Bis in unsere Tage hat die Gestalt des Fliegenden Holländers nichts von ihrer Faszination eingebüßt. Musiktheater und Literatur haben sich in vielfältiger Weise des Themas angenommen. Richard Wagners gleichnamige Oper dürfte von den Bühnen – den Spielplänen der Welt – nicht wegzudenken sein. Und das »Lied der norwegischen Matrosen« gehört noch immer zu »Evergreens« in den Wunschsendungen von Funk und Fernsehen.

So möge man es mir auch nicht verübeln, dass ich den Fliegenden Holländer in diesem Büchlein mit einem Eigennamen versehen habe.

Meinem Lektor, Günter Larisch, und dem Hinstorff Verlag danke ich für die große Geduld und für das Einfühlungsvermögen, mit dem sie mich stets auf »Kurs« hielten.

Rostock, im April 2002
Dieter Flohr

ERSTES KAPITEL

Schreckensruf am Kap der Guten Hoffnung

Beim Kramen in alten Büchern fand sich eines Tages ein vergilbter Zeitungsausschnitt aus dem Mecklenburger Tageblatt, erschienen um 1880. Dieser enthielt einen redaktionell bearbeiteten Bericht eines holländischen Handelsreisenden mit Namen Pieter van Eyck an die Seekammer in Wismar.

Der Autor des Berichtes hatte wohl damit ursprünglich zur Aufklärung des Schiffsuntergangs des Seglers ANNA KRELL aus Wismar beitragen wollen, denn der Schreiber teilte darin Merkwürdiges über eine Begegnung mit dem Fliegenden Holländer mit: »Das holländische Schiff, das mich zurück nach Amsterdam bringen sollte, blieb die dritte Woche aus. Ungeduldig eilte ich an jedem Morgen hinunter zum Hafen von Probolinggo (auf Java, d. V.) und hielt vergeblich Ausschau nach meiner Dreimastbark TEXEL. Eines Tages sprach mich im Hafen ein Seemann in deutscher Sprache an: ›Suchen Sie ein Schiff, Mijnheer? Noch heute gehe ich nach Amsterdam in See. Wenn Sie wollen, nehme ich Sie mit.‹

Es war der Kapitän der ANNA KRELL aus Wismar in Mecklenburg. Freudig stimmte ich zu.

Am 1. Februar 1873 stachen wir in See. Wohlbehalten hatten wir bereits die Breiten an der Südspitze des schwarzen Kontinents Afrika erreicht, als der aus NOzO kommende Wind zwischen den Glasen deutlich an Stärke zunahm. Das Meer ringsum war bald nicht mehr wiederzuerkennen. Von den hohen und grünlichschwarzen langgezogenen Wellenbergen riß der Sturm Gischtfetzen, so daß ich zunächst an ein Schneetreiben glaubte. In den Wanten fauchte und stöhnte der Wind. Rahen und Spieren knarrten, die drei Masten und einige prall gefüllte Segel ächzten unter der Gewalt der Böen.

Die Luft schien mit Wasserschwaden durchsetzt zu sein. Wie Schrotkugeln flogen Spritzer durch die Luft, stachen in den Augen und machten die Gesichter brennend. Immer mehr Wasser kam über die Reling und wusch über das Ober-

Stürmische See

deck hinweg. Einige Matrosen bekreuzigten sich, während sie sich mühsam festhielten. Auch ich klammerte mich, so gut es eben ging, vor dem Steuerhaus fest, wo ich mich vor der überkommenden See geschützt glaubte. Hier vernahm ich auch hin und wieder die kräftige Stimme des Kapitäns, die mir Zuversicht einflößte.

Dann aber rief er mir etwas zu, was mich mit Sorgen erfüllte: ›Das Barometer. Es fällt und fällt‹, waren seine Worte.

›Es steht auf 28,0!‹ Das bedeutete nichts anderes, als daß uns Schlimmes bevorstand.

Plötzlich durchdrang ein Schreckensruf das Tosen der Elemente: ›Der Holländer! Dort – das ist er, der Holländer! Wir sind verloren!‹

Alle Männer schauten angsterfüllt auf die wilde See. Verständnislos folgte auch ich den Blicken der Besatzung, sah aber nur unweit einen schwarzgeteerten Segler, der Sturmsegel gesetzt hatte und gute Fahrt machte. Was für ein Holländer mochte das sein, der die Matrosen in derartige Angst versetzte?

Der Sturm war mittlerweile zu einem Orkan angewachsen. Urplötzlich packte eine ungeheure Kraft wie eine unsichtbare Faust unser Schiff und legte es auf die Seite. Diese gefährliche Schräglage warf sogar unseren Bootsmann auf die Planken. Stöhnend und fluchend versuchte er, neben mir liegend, wieder auf die Beine zu kommen.

›Das ist der Fliegende Holländer, Mijnheer‹, zischte er zwischen seinen vom Kautabak gelb gefärbten Zähnen hervor.

›Beten Sie für unser aller Seelenheil‹.

Der Steuermann und der Schiffszimmermann riefen dem Kapitän zu, er solle wegen der Schräglage des Schiffes schnell den Großmast kappen lassen.

Dabei blickten die beiden immer wieder angstvoll auf den Segler in der Nähe. Der Abstand zu ihm hatte sich verringert.

Kreuzstenge und Rah kommen von oben

Bark am Kap der Stürme

Mit Getöse wehte nun die Großbramstange ab und blieb wild schlagend im Stenge-Topp hängen. Der Kapitän ließ schnell mit Äxten die Groß-Stengepardunen kappen. Doch unser Schiff richtete sich nicht wieder auf. Die Ladung war wohl übergeschossen. Endlich befahl der Kapitän, auch den Großmast zu kappen. Nach vielen Axtschlägen fiel dieser endlich über Bord. Dabei verhakte sich jedoch ein Teil des Geschirrs hinter der Kajüte und riß mehrere Planken des Verdecks ab. Ein Stück des Mastes beschädigte einen der Pumpenböcke. Obwohl sich nun die ANNA KRELL ein wenig aufrichtete, zerrte der Großmast einen Drahtstag mit und riß nun auch den Besanmast ins Meer. Eine Peilung ergab, daß bereits zweieinhalb Fuß Wasser an der Luvseite im Schiff standen. Und noch immer schien uns jener fremde Segler zu belauern. Schnell wurde es Nacht.

Am 13. März morgens fanden wir, daß unser Schiff noch mehr Wasser machte, obwohl die Mannschaft unaufhörlich an den Pumpen stand. Der Sturm war abgeflaut. Von der zehn Mann starken Besatzung konnten nur noch vier oder fünf Mann arbeiten. Die anderen waren krank oder entkräftet.

Da schleppte ich mich über das schräge Oberdeck zum Kapitän und fragte ihn, ob wir nicht besser jenen fremden Segler um Hilfe bitten sollten. ›Den Holländer?‹, er schüttelte voller Abscheu seinen Kopf. ›Niemals.‹

Das verwunderte mich sehr. Glaubte der Kapitän denn auch an die Existenz dieses sagenhaften und verfluchten Schiffes?

Ich sah hinüber. Das Schiff lief nur wenige Längen entfernt mit uns auf gleichem Kurs. Nun suchte ich mein Fernrohr hervor und entdeckte schließlich den verwaschenen Schiffsnamen am Bug. In verblassten Lettern stand dort: CLODIAN.

Dieses Schiff kannte ich doch. Ich hatte es auf der Hinreise nach Java gesehen. Ein Engländer war es und keineswegs ein Holländer.

Voller Freude rief ich dem Kapitän das Ergebnis meiner Beobachtung zu. Kapitän Vagt versammelte nach einigem Zögern die wenigen arbeitsfähigen Leute um sich. Sie alle meinten, daß sie nun nicht länger an den Pumpen stehen könnten. Der Kapitän solle lieber um Hilfe bei diesem Engländer nachsuchen, der ja gottlob nun doch nicht der Holländer sei. Die gute ANNA könne man nicht länger halten und so sei es angezeigt, das eigene nackte Leben zu retten.

Der Zweite Steuermann hißte zum Zeichen, daß wir um Hilfe bitten, die Wismarsche Flagge verkehrt herum. Als hätte man drüben nur darauf gewartet, stieß trotz der hochgehenden See eilig ein Boot von der englischen Bark ab. Als es nahe genug heran gekommen war, sprangen erst zögernd, dann beherzt, alle Männer der Besatzung und auch ich über Bord in die schäumende See. Kräftige Hände packten uns und so wurden wir alle in das Boot gezogen. Doch all unsere Effekten mussten wir zurücklassen. Auch der Bordhund, der nicht zu springen wagte, blieb zurück. Die Besatzung, auch die Verletzten und Kranken, kam gut an Bord des Engländers, wo wir bestens umsorgt wurden.

Einige Tage später setzte uns der englische Kapitän in der Tafelbay am Kap der Guten Hoffnung an Land. Wir alle waren unendlich froh und dankten Gott, daß wir noch einmal mit dem Leben davongekommen waren.«

Diesem Bericht war noch eine Nachricht von der Insel St. Helena beigefügt, die das Aufgabedatum 14. Mai (!) 1873 trug: »Das Schiff DORA (Kpt. Janson), von Java kommend, traf am 20. März auf 25 Grad Süd und 68 Grad Ost die abandonierte (verlassene d. V.) Bark ANNA KRELL, von Probolinggo nach Holland bestimmt. Das Schiff war total wrack, halb voll Wasser und in sinkendem Zustande, schien jedoch erst kürzlich verlassen zu sein, da einige Papiere und ein Neufundlandhund sich noch an Bord befanden.«

Die ANNA KRELL war also noch viele Meilen als Wrack wie ein Geisterschiff über den Ozean getrieben worden und mag so manchen Fahrensmann erschreckt haben, weil dieser wohl glaubte, dem leibhaftigen Fliegenden Holländer begegnet zu sein.

ZWEITES KAPITEL

Die Männer vor dem Mast

Sich mit der Sage vom Fliegenden Holländer zu beschäftigen, heißt auch, an diejenigen zu denken, die sie von Mann zu Mann weitererzählten und sie dabei auch kräftig ausschmückten: die Seeleute.

Namenlos sind sie geblieben. Tausende und Abertausende. Allzu oft verloren sie ihr Leben auf hoher See. Sie erlagen grausamen Krankheiten oder erlitten Schiffbruch, zerschmetterten an schroffen Klippen, ertranken oder verdursteten inmitten einer salzigen Wasserwüste.

Die Männer auf den Windjammern waren abergläubische Menschen und voller Furcht Und doch blieben sie immer wieder hart gegen sich selbst, zeigten sich mutig und ausdauernd. Was aber dachten sie, wovon träumten sie?

Der Volkskundler Richard Wossidlo sprach mit vielen mecklenburgischen und pommerschen Seeleuten, die zwischen 1850 und 1870 noch die Blütezeit der deutschen Segelschifffahrt miterlebt hatten. Die Seeleute stammten aus Warnemünde, Wustrow, Wismar, Dierhagen, Dändorf und anderen Orten der Ostseeküste. In Rostock waren damals mehr als 370 Schiffe beheimatet. Zum Dörfchen Dierhagen gehörten 1857 sogar 47 Segler. In Dändorf gab es ganze 52 Häuser. Sie waren im Besitz von sechs Bauern, einem Müller, einem Schmied und drei Arbeitern. Alle übrigen Häuser gehörten den Fahrensleuten des Ortes.

Wie Richard Wossidlo erzählte, begann das Anmustern der Besatzungen stets früh im Jahr. Im Winter ruhte die Schifffahrt. Die Heuer betrug monatlich 36 Mark, später dann 45 Mark. Sie wurde am Ende der Reise ausgezahlt. Es gab einen kleinen Vorschuss, von dem der Heuerbas gleich einen Taler für die Vermittlung erhielt. Ob ein Seemann sein Geld verprasste und mit leichten Mädchen durchbrachte, hing ganz von ihm selbst ab. Viele sparten auch und konnten sich später ein kleines Anwesen leisten. Vielfach hatten die Fahrensleute auch noch einen kleinen Nebenverdienst. Die kauften

Die See ruft

und verkauften Waren. Gern wickelte man solche Geschäfte zwischen den englischen und russischen Häfen ab. Besonders in Russland konnte man buchstäblich alles verkaufen.

Von den heranwachsenden Jungen wollten so ziemlich alle nach der Schule Schiffsjunge werden. Von den 40 Konfirmanden eines Jahres in Wismar erlernte einer den Beruf des Schuhmachers, alle anderen gingen zur See. Gleich nach der Konfirmation begann die erste Seereise. Viele gingen bereits mit zwölf Jahren an Bord. Die Mütter gaben ihnen den Katechismus, ein Gesangbuch, ein Stück vom glücksbringenden Kreuzdorn, es sollte vor Heimweh schützen, einen Knust Schwarzbrot und eine Tüte voll Salz in der Seekiste mit. Das erste Jahr fuhren sie als Kochsjungen oder als Kajütwächter.

Dann wurden sie zu Decksjungen befördert. Doch immer wieder mussten sie Reinigungsarbeiten aller Art verrichten. Klock vier Uhr in der Frühe begann ihr Tagwerk. Sie mussten das Logis reinigen sowie Hunde- und Schweinekot beseitigen. Auch beim Löschen und Beladen der Schiffe hatten sie zuzupacken. Dazu kamen die Nachtwache und der Dienst als ständiger Backschafter. Sie mussten den Matrosen und den Offizieren das Essen servieren, das Geschirr abräumen und spülen. Aber bald erlernten sie das Klettern in der Takelage. Die Stricheinteilung auf der Windrose mussten auswendig aufsagen können. Ihre Behandlung an Bord war streng und hart. Häufig wurden sie geschlagen, und das Tauende war deshalb gefürchtet. An Bord stand dem Kapitän das Strafrecht zu. Er konnte die Sünder zu Prügel oder Arrest, in schweren Fällen sogar zu Fußeisen verurteilen. Auch die älteren Matrosen übten oft selbst Recht aus, vor allem wenn einem von ihnen etwas gestohlen worden war.

Der Spitzname des Schiffsjungen war gemeinhin »Moses«. Die meisten der Jungen hatten unter der Seekrankheit zu leiden. Und natürlich ergriff sie das Heimweh. Alsbald sonderte sich unter diesen Bedingungen die Spreu vom Weizen. Wer sich absolut als Seemann nicht eignete, schied dann nach zwei Jahren wieder aus. Wer aber blieb, der wurde Jungmann, dann nach einem weiteren Jahr Leichtmatrose. Von da an gehörte er zu den richtigen Seeleuten.

Die Rostocker Barken hatten in der Regel 14 Mann Besatz. Mitunter kamen alle Matrosen sogar aus einem der Dörfer des nahe gelegenen Fischlandes. Aber es gab an Bord pommerscher und Mecklenburger Schiffe auch Schweden, Ostpreußen und Leute von der Insel Gotland.

Das Essen spielte eine große Rolle. Wenn der Koch gut kochen konnte, war auch die Stimmung an Bord gut. Nur, Schiffskoch war damals kein Lehrberuf. Ursprünglich stand der Herd mitten im Mannschaftslogis. Aber auch später war die Kombüse alles andere als komfortabel. Der Koch ging auf kleinen Schiffen sogar die Seewache mit.

Die Mannschaft wurde in zwei Wachen eingeteilt. Gewechselt wurde alle vier Stunden. In der Freiwache konnten die Matrosen schlafen. Doch da auch Reinschiff, Essen fassen oder Segelalarme in diese Zeit fielen, kamen täglich nur we-

Besatzung einer Rostocker Bark

nige Stunden Schlaf zusammen. Die Offiziere und der Kapitän hielten sich streng separat.

In der Freizeit vertrieben sich die Fahrensleute die mitunter eintretende Langeweile mit Lesen. Es wirkte sich aus, dass die Schiffsjungen bereits eine gewisse Schulbildung mit bekommen hatten.

Und die Hygiene? Bis ins späte 19. Jahrhundert hinein hatten die Segler keinen Abort. Man hatte sich vorn am Bugspriet hinzuhocken, wo die Bugwelle gleich als eine Art Spülung genutzt wurde. Diese Art der Verrichtung war nicht ganz ungefährlich. Nur der Kapitän besaß eine Art Plumpsklo. Erst als die Seeberufsgenossenschaft Einspruch dagegen erhob, wurden nach 1888 auf den Schiffen auch Toiletten für die Mannschaften installiert. Gestunken hat es allemal fürchterlich auf den Windjammern.

Seenot und Schiffbruch gehörten über Jahrhunderte zur Normalität in der Schifffahrt. Es gab nur wenige Seeleute, die am Ende ihrer Fahrenszeit nach Hause zurückkehrten, ohne einen oder mehrere Schiffbrüche überstanden zu haben. Manche erlebten sogar vier bis fünf Katastrophen. Und viele kamen niemals wieder.

Jeweils im Herbst steuerten die Segelschiffe, die nicht zu amerikanischen, afrikanischen oder asiatischen Häfen unterwegs waren, die Heimathäfen an. Viele überwinterten in Rostock und Wismar, oder sie lagen in Wustrow, Dändorf oder anderswo im Bodden im Eis fest. In diesen Monaten suchten sich die Seeleute einen Nebenverdienst. Sie schlugen Holz ein, halfen den heimischen Küstenfischern oder arbeiteten auf dem Bau.

Es ist kein Geheimnis, dass Seeleute zu allen Zeiten abergläubisch waren. Und so manch einer ist es auch noch heute. Schon auf der Werft begann der Aberglaube. Unter die Masten wurden Geldstücke gelegt. Ein Hufeisen durfte nicht fehlen. Schwänze von Haien, Walen oder Tümmlern wurden an das Bugspriet genagelt. Das alles sollte dem Schiff Glück bringen. Eine Sektflasche, die bei der Schiffstaufe nicht zerschell-

Die Seewache zieht auf

Der Klabautermann

te, kündete Unglück an. Kein Schiff lief an einem Montag hinaus. Der Freitag war ohnehin völlig tabu. Vor allem aber der Karfreitag. Der verwunschene Fliegende Holländer sollte gerade dies nicht beachtet haben, erzählte man sich.

Vor der Ausreise gingen alle Besatzungsmitglieder noch schnell zum Abendmahl in die Kirche. Wenn eine der am Altar entzündeten Kerzen danach erlosch, war dies ein sicheres Omen dafür, dass einer dieser Jungs nicht wieder kommen würde.

Für die mecklenburgisch-pommerschen, aber ebenso auch für die Hamburger und Bremer Besatzungen ist festzustellen, dass sich das Schiffsvolk in der Regel aus einfach strukturierten Menschen zusammensetzte. Die Begegnungen mit für sie unerklärlichen Erscheinungen auf See beflügelten ihre Fantasie. Das schürte Ängste und förderte den der Unwissenheit entsprungenem Aberglauben. Die vielen überlieferten Seegeschichten, auch wenn sie aus zweiter Hand stammen, sagen uns heute, was den Seemann (trotz seiner oft bewunderten Kraft, Ausdauer, Unerschrockenheit und Willensstärke) in seinem Innersten bewegte, geben Einblicke in seine Gefühlswelt. Zu den unheimlichen Geschichten, die seit sehr langer Zeit unter den Seeleuten kursierten und die wohl jeden Fahrensmann der christlichen Seefahrt bewegten, gehörte die Mär vom Fliegenden Holländer. Und damit gehörte sie auch zum Geistesleben der Küstenbewohner.

Bei den Wikingern rekrutierten sich die Schiffsbesatzungen aus den Männern einer Siedlung oder eines Stammes. Sie waren Ruderer und Krieger in einem. Auch die hansischen Koggen wurden zumeist von küstenansässigen Männern besetzt. In der Küstenfischerei wurde überall auf der Welt die jeweilige Besatzung aus Bewohnern eines Dorfes gestellt. Auch in der Blüte mecklenburgischer Segelschifffahrt war dies auf den Handelsseglern ähnlich. Aus den Dörfern und Siedlungen des Fischlandes kamen die besten deutschen Seeleute, die ihr Handwerk verstanden. Sie dienten auch auf hamburgischen oder bremischen Schiffen. In solchen Crews stimmten Erfahrungsschatz und spezielle Lebenssichten, wie auch der Aberglaube überein.

Viel früher, im Zeitalter der großen Entdeckungen und im beginnenden Fernhandel mit überseeischen Ländern, setzten sich die Schiffsbesatzungen der damals führenden Seenationen Europas Portugal, Spanien, Holland, England und Frankreich jedoch anders zusammen. Für die transatlantischen Schiffsreisen zu unbekannten Gestaden verdingten sich vor allem Abenteurer, Verarmte, Verschuldete, schuldig Gewordene. Dies waren Menschen, die oft genug auf der Flucht vor dem Gesetz waren, denen die Seefahrt Straffreiheit und eine Chance zum Überleben, zu einem, wenn auch ungewissen, Neubeginn gab. In Frankreich wurden nicht selten die Gefängnisse geöffnet, um die großen Segelschiffe zu bemannen. Neben Verbannung und Banjo war die Verurteilung zu mehrjährigem Galeerendienst eine beliebte Strafe der feudalen Jus-

Kurs halten

tiz. Dies kam einem Todesurteil gleich. Angekettet an den Ruderbänken, saßen Männer aus den verschiedensten Schichten des Volkes und von unterschiedlicher Bildung.

Aus reiner Abenteuerlust und aus Liebe zur Seefahrt gingen eigentlich nur wenige junge Männer auf ein Schiff. Natürlich glaubten jene auch, in sich so etwas wie eine Berufung zu verspüren, auf einem Schiff Dienst zu tun. Oftmals entsprach der Weg zur See auch der Familientradition. Unzählige aber trieb soziale Not hinaus, weil das Meer die Hoffnung gab, irgendwie und irgendwann einmal das große Glück zu machen.

Als England zur ersten Seemacht aufgestiegen war, war es für die Admiralität nicht immer leicht, die zahlreichen Handels- und Segelkriegsschiffe zu bemannen. In den vielen Seeschlachten hatte der Tod unter den Matrosen allzu oft reiche Ernte gehalten. So fing man die fehlenden Männer für die Segelmanöver einfach bei Nacht und Nebel in den Hafenstädten weg und schleppte sie an Bord.

Meist alkoholisierte man sie zuvor und ließ sie einen Wisch unterschreiben, der ihnen am folgenden Tag als bindende Verpflichtung präsentiert wurde. Das Erwachen in einem Mannschaftslogis, oft schon meilenweit von der Küste entfernt, dürfte wahrlich ernüchternd gewesen sein. Diese Art Schiffe zu bemannen nannte man bald »shanghaien«, bezeichnet nach der chinesischen Stadt Shanghai, in der diese Praxis wohl ihren Anfang genommen hatte. An Bord wurden dann diese armen Menschen, zumeist naive »Landratten«, durch grausame Behandlung und Strafen alsbald gefügig gemacht. Da auf den Windjammern buchstäblich jede Hand gebraucht wurde, blieb ihnen auch nichts anderes übrig, als eben zu gehorchen und leidliche Matrosen zu werden.

So ist es ist nicht verwunderlich, dass die britische Marine im amerikanischen Unabhängigkeitskrieg 1243 Mann im Kampf, hingegen 42 069 Mann durch Desertion verlor.

Wenn wir bedenken, dass es weithin bekannt gewesen sein dürfte, welche Gefahren dem Seemann auf dem Weltmeer drohten, so mag es verständlich sein, dass nur derjenige auf See ging, der an Land nichts mehr zu erhoffen hatte.

Das Bordleben jedoch war von Aberglauben, Gerüchtemacherei, Drohungen und Strafen durch die Maate und Kapitäne bestimmt. Damit sollte der schlichte Seemann gefügig gemacht werden, der sich vieles, was er auf See erlebte, ohnehin nicht erklären konnte. Nicht die schreckliche Wasserhose am Kap der Guten Hoffnung, nicht, warum es mitunter Fische regnete, die zuvor vom Sturm in die Höhe geschleudert worden waren, nicht den gelben Regen, in dem Sand aus der Saharawüste gelöst war, auch nicht die Fata Morgana am Horizont oder das Elmsfeuer an Mastspitzen und Rahnocken. Die Angst vor Schiffbruch, vor Seeungeheuern, vor dem Unbekannten auf See, wohl auch vor dem Phänomen eines Unheil bringenden Geisterschiffes, wie das eines Fliegenden Holländers, muss erheblich gewesen sein.

Sehr oft war das Leben an Bord der überseeischen Segler unerträglich. Einem Kapitän mit despotischen Ambitionen war es erlaubt, widerspenstige Männer in Eisen zu legen. Weit verbreitet war das Kielholen, das bei schweren Disziplinlosigkeiten von Matrosen ausgesprochen wurde. Dies war für den Be-

Fata Morgana

troffenen gleichbedeutend mit dem Tod, da der an einem Tau unter dem Schiff hindurchgezogene Mann auf dem langen Weg zur anderen Bordseite zumeist ertrank oder sein Körper von den am Schiffskörper haftenden scharfkantigen Muscheln zerschnitten wurde. Es gibt Berichte, dass Kapitäne befahlen, Delinquenten an die Masten zu ketten, auszupeitschen, von der Rah an Deck zu stürzen oder ganz vorn im Bug im Ankerkettenkasten schmachten zu lassen, wo es heiß und stickig war und die Stampfbewegungen des Schiffes den Aufenthalt zur Hölle werden ließen.

Doch auch ohne diese grausamen Strafen waren die körperlichen und psychischen Leiden der Männer auf langen Seereisen unerträglich. Von holländischen Kapitänen erzählte man, dass sie eine ganz besonders harte Strafe erdacht hätten. Diese nannte sich »marodieren« (engl. maroon = aussetzen, auf einer einsamen Insel). Dabei wurde also ein armer Sünder, ausgerüstet mit einem Mundvorrat für einen Tag, irgendwo an der Küste eines unbekannten Landes oder einer Insel einfach ausgesetzt. Gewöhnlich besaß dieser Seemann kaum eine Chance zum Überleben.

Essen und Trinken an Bord

Die Verpflegung an Bord war ausgesprochen trist. Das mitgenommene Brot schimmelte schnell, trotz aller Tricks, es mit feuchten Tüchern essbar zu halten. Bald wimmelte es auch von Maden. Dann legte man es ins Wasser, und wenn die Maden herausgekrochen waren, röstete man es am Feuer.

Auch Butter wurde schnell ranzig und ungenießbar. Erbsen und Bohnen standen ganz oben auf dem Speisezettel. Dazu kamen immer wieder Graupen oder Grütze auf die Back. Jedem Jan Maat stand eine gewisse Fleischmenge zu. Es war natürlich Salzfleisch. Deshalb wurden einige lebende Tiere mitgenommen. Fisch wurde häufiger gegessen. Das war hauptsächlich Trockenfisch, meist gedörrter Kabeljau und Salzhering. Frische Fische gab es kaum. Die Mecklenburger liebten ihre Kartoffeln. Aus Mehl und Kartoffeln wurden Klöten gemacht, die gern mit Pflaumen gegessen wurden. Plummen und Klüten nannten sie dieses Gericht.

Wir Bürgermeister und Rath
der Königl. Preuß. See- und Handelsstadt Barth in Neu-Vorpommern thun kund hiemit

Die täglichen Speisen sind per Mann

Sonntags zum Frühstück Grütze, zum Mittag und Abendbrod Erbsen und 1 Pfund Rindfleisch oder ¼ Pfund Schweinfleisch oder ¼ Pfund Speck.

Montags zum Frühstück Erbsen, zum Mittag und Abendbrod Grütze und ¼ Pfund Stockfisch. *Schweinfleisch*

Dienstags zum Frühstück Grütze, zum Mittag und Abendbrod Erbsen und ein Pfund Rindfleisch oder ¼ Pfund Schweinfleisch oder ¼ Pfund Speck.

Mittwochs zum Frühstück Erbsen, zum Mittag und Abendbrod Grütze und ¼ Pfund ~~Stockfisch~~. *Schweinfleisch*

Donnerstags zum Frühstük Grütze, zum Mittag und Abendbrod Erbsen und 1 Pfund Rindfleisch oder ¼ Pfund Schweinfleisch oder ¼ Pfund Speck.

Freitags zum Frühstück Erbsen, zum Mittag und Abendbrod Grütze und ¼ Pfund ~~Stockfisch~~. *Schweinfleisch*

Sonnabends zum Frühstück, Mittag und Abendbrod Grütze und ¼ Pfund ~~Stockfisch~~. *Schweinfleisch*

Außerdem erhält jeder Schiffsmann wöchentlich ½ Pfund Butter und 7 Pfund hartes Brod, ferner täglich im Sommer 1½ Quart Bier, im Winter 1 Quart Bier, so lange sich letzteres vorräthig befindet.

Speiserolle für Segelschiffe der Stadt Barth

Die größte Sorge bereitete das Trinkwasser. Jeder bekam täglich nur einen winzigen Schluck, um sich die Lippen anzufeuchten. Auch faulte es in den Holzfässern sehr schnell. Deshalb wurde bei sich bietender Gelegenheit Regenwasser in aufgespannten Segeln gesammelt. Man trank Bier, in südlichen Breiten billigen Wein, und auch Fusel. Nach besonders schwerer Arbeit hieß es: »Besanschot an!«. Dann musste der Smutje einen kräftigen Schluck Branntwein austeilen. Das Hauptgetränk aber war Gerstenkaffee. Von dieser Brühe tranken die Männer viel, zumal in südlichen Breiten größere Trinkmengen ohnehin erforderlich waren.

Im ausgehenden Mittelalter führte die vitaminarme Ernährung der Seeleute oft genug zum Tod. Später setzte es sich durch, gewisse Mindestrationen festzuschreiben, die der Kapitän oder der Schiffseigner zu respektieren hatte.

Was jedem Mann zustand, zeigt die Speiserolle, die 1815 vom Bürgermeister der Stadt Barth mit den Kapitänen der dort registrierten Segelschiffe vereinbart wurde.

Auf Schiffen des Mittelmeeres wurde Wein getrunken, auf denen in nördlichen Ländern Bier. Wenn auch mitunter angezweifelt, so gehörte auch Branntwein zum Speiseplan an Bord und stand jedem Jan Maat zu. Für gute Arbeit, wie z.B. beim Segelbergen im aufkommenden Sturm, gab der Kapitän Sonderrationen davon aus. Oft genug tranken die Männer aber auch über den Durst oder sammelten ihre täglichen Rationen vor Feiertagen, um sich dann sinnlos betrinken zu können. Davon berichtete schon der legendäre britische Kapitän James Cook, als er auf seiner zweiten Reise (1772-1775) die Weihnachtsinseln entdeckt hatte. Zwei Tage ließen er und die Offiziere sich nicht an Oberdeck der Schiffe blicken. Denn oben lagen überall sinnlos betrunkene Männer herum. Zwei überlebten das Gelage nicht.

Im 16. Jahrhundert wurde als Tagesration für jeden Mann eine Gallone Bier an Bord genommen (eine englische Gallone = 4,5 Liter). Im 18. Jahrhundert bestand in der englischen Marine eine Tagesration aus zwei Pfund Fleisch und 1,6 Pfund Brot. Nach 1700 wurde auch Rum ausgegeben, früh und abends je eine halbe Pint, das entsprach etwa 0,57 Liter.

Adolf Mensing, preußischer Marineoffizier und Erfinder, berichtete über seine Fahrt auf der Gedeckten Korvette

GAZELLE nach Yokohama (1862-1864), dass 15 Kadetten für ihre Messe 3400 Flaschen Wein einkauften. Diese waren schon bald ausgetrunken. Auch eine gehörige Menge Schnaps und Likör hatten die Kadetten in sich hineingegossen. Dabei waren sie erst 16 und 19 Jahre alt.

Der britische Admiral Vernon, der den Spitznamen »Old Grog« hatte, führte nicht ohne Grund in der Royal Navy 1740 ein Mischgetränk aus Rum und Wasser, den Grog, ein. So wurde das faulige und stinkende Wasser wenigstens einigermaßen trinkbar und der tägliche Alkoholpegel der Seeleute gesenkt. Nach 1824 setzte sich auf den Schiffen zunehmend Tee mit Zitronensaft durch. Apropos Alkohol. Natürlich förderte der ständige Verzehr dieser Droge auch die oft gerühmte Trinkfestigkeit der Matrosen und führte dazu, dass viele an Land in den Hafenkneipen unter Staunen der »Landratten« Unmengen davon in sich hineinschütten konnten und so ihre Heuer verjubelten. Doch wer wollte bestreiten, dass der Alkohol an Bord, regelmäßig, wenn auch in kleinen Mengen, genossen – bei schlechtem Wetter gab es die doppelte Ration – auch zur Gewöhnung, ja zur Alkoholkrankheit führen konnte? Sicherlich trug dies dazu bei, dass Wachmännern plötzlich Fantasiebilder erschienen. Man könnte auch sagen, es gab Trunkenheitssymptome. Ein leicht »benebelter« Posten Ausguck konnte gewiss schnell einmal vor sich den Fliegenden Holländer sehen, auch wenn es sich eigentlich nur um einen Nebelstreif handelte.

An den fortwährend zu besetzenden Pumpen, Wasser drang ja immer durch die Bordwände, mussten die Seeleute täglich körperliche Schwerstarbeit leisten. Besonders dann, wenn es gefährlich aufbriste.

Ein Arbeitstag auf See war 18 Stunden lang. Zumeist lag die Hälfte der Besatzung krank darnieder. Skorbut, Typhus und Seuchen forderten viele Todesopfer. Berichtet wird, dass Vasco da Gama auf seiner Entdeckungsreise nach Ostindien von 160 Seeleuten 100 Mann durch Skorbut verlor. Von 2600 Mann, die im Pazifik unter dem Spanier Pizarro nach Südamerika aufgebrochen waren, lebten nach einem Jahr nur noch 100 Seeleute und Soldaten. Erst James Cook durchbrach diesen Fluch und verabreichte auf seiner zweiten Weltreise (1772-1775) vitaminreichere Kost, vor allem Sauerkraut.

In welcher körperlichen und geistigen Verfassung mögen die Seeleute sich auf See befunden haben, wenn sie bei Sturm oder Windstille, bei Nebel in der Nacht oder nach tagelanger Arbeit und völlig übermüdet, glaubten, Gespenster-, Toten- oder Geisterschiffe zu sehen?

Des Dichters Johann Gottfried Seumes qualvolle Fahrt nach Übersee

Einer, der die schrecklichen Torturen einer Seereise nach Nordamerika überlebt hatte und dieses niederschrieb, war der deutsche Dichter Johann Gottfried Seume (1763-1810). Seume wurde 1781 als Student der Theologie während einer Flussreise nach Paris von hessischen Soldatenwerbern in den Militärdienst gepresst und nach England verkauft, wo er alsbald nach Amerika verschifft wurde. Er schrieb über diese Fahrt auf einem mit Soldaten vollgepfropften Segelschiff: »Die Kost war übrigens nicht sehr fein, so wie sie nicht sehr reichlich war. Heute Speck und Erbsen und morgen Erbsen und Speck, übermorgen peas and pork und sodann pork and peas. Das war die ganze Runde. Zuweilen Grütze und Graupen und zum Schmause Pudding, den wir uns aus muffigem Mehl, halb mit Seewasser, halb mit süßem Wasser und altem Schöpfenfett machen mußten. Der Speck mochte wohl vier bis fünf Jahre alt sein, war an beiden Seiten vom Rand schwarzstreifig, weiter hinein gelb und hatte nur in der Mitte einen kleinen weißen Gang. Ebenso war es mit dem gesalzenen Rindfleische, das wir in beliebter Kürze roh als Schinken aßen.

In dem Schiffsbrote waren oft viele Würmer, die wir als Schmalz mitessen mußten, wenn wir nicht die ohnehin schon kleine Portion noch mehr reduzieren wollten. Dabei war es so hart, daß wir nicht selten Kanonenkugeln brauchten, um es aus dem Gröbsten zu zerbrechen. Und doch erlaubte uns der Hunger nur selten, es einzuweichen, auch fehlte es an Wasser. Man sagte uns, und nicht ganz unwahrscheinlich, der Zwieback sei französisch. Die Engländer haben ihn noch im siebenjährigen Krieg den Franzosen abgenommen. Seit der Zeit habe er in Portsmouth im Magazin gelegen.«

86 Tage im Orkan

Das Hamburger Vollschiff SUSANNE umsegelte 1909 das Kap Hoorn in ost-westlicher Richtung. Vom 29. August bis zum 22. November – 86 Tage lang – kämpfte die Besatzung gegen ununterbrochen heranbrausende Stürme. Wie viele Segel-

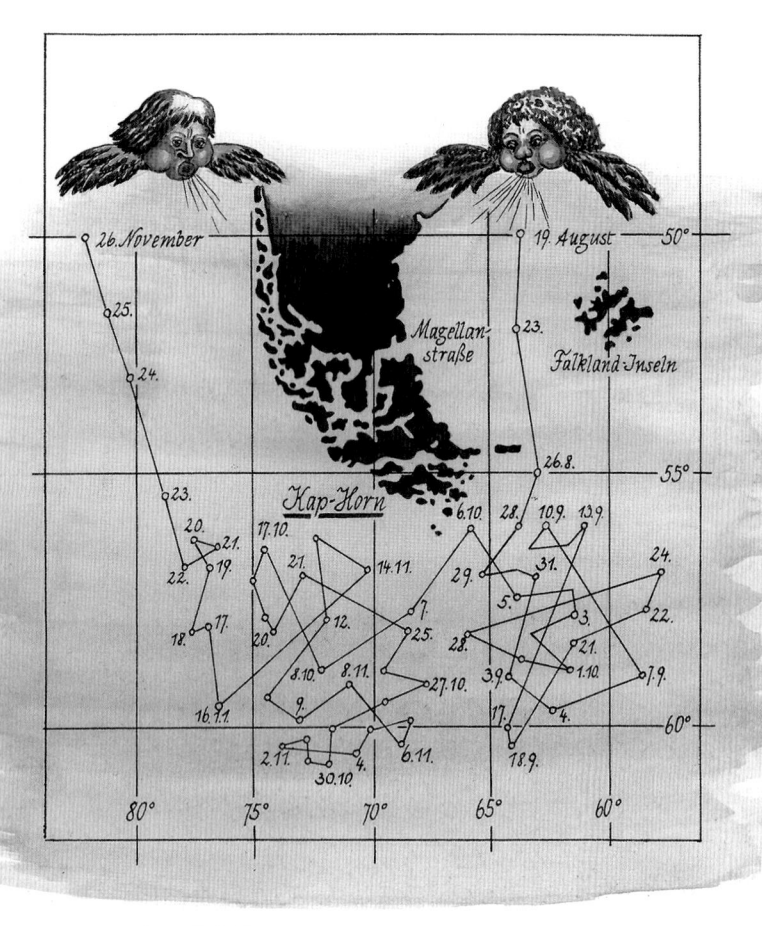

Kurse des Vollschiffes SUSANNE am Kap Hoorn

manöver waren da erforderlich, wie viel Kraft wurde für die Pumpen benötigt, welch eiserner Wille musste aufgebracht werden, um Müdigkeit, Nässe, Kälte, Seegang zu bezwingen?

Im Logbuch waren am Ende 664 Stunden mit Windstärke 10 und 145 Stunden voller Orkan nachgewiesen.
War es da ein Wunder, wenn die Seeleute sehnsüchtig das Land herbeiwünschten? Ganz gewiss nicht.

Es war schon eine Gottesstrafe, unter »normalen« Bedingungen Tage um Tage, Nächte um Nächte gegen konträre

Die Segel werden geborgen

Winde kreuzen zu müssen. Doch diese 86 Tage müssen wohl auch den letzten Mann dieser Crew zermürbt haben.

Und wie hausten die Männer an Bord?

Der Mannschaftsraum, die Roof, der eingangs schon erwähnten ANNA KRELL, also einer Dreimastbark, stand an Oberdeck hinter dem Fockmast. Er war ein Deckshaus, etwa mannshoch, und maß sechs mal vier Meter. Darin befanden sich Kojen und Hängematten. Die Seekisten der Matrosen dienten als Stühle und Tische. In einem solchen Verschlag lebten der Zimmermann, der Bootsmann, sechs Matrosen, zwei Schiffsjungen, drei Halbmänner und der Kajütwächter, der Steward des Kapitäns. Das waren zusammen 14 Mann. Der Schiffskoch hauste in seiner Kombüse. Kapitän und Steuermann logierten achtern in der Kajüte.

In vielen Erzählungen über die frühe Seefahrt nach Ostasien spielen immer wieder erbarmungslose Kapitäne eine Rolle, ihrer Nationalität nach waren es Holländer. Warum waren es aber keine Portugiesen, Spanier, Briten oder Franzosen?

DRITTES KAPITEL

Der Fliegende Holländer – fiktive Gestalt oder reale Person?

Die Sage vom Fliegenden Holländer ist wohl die schönste und nachhaltigste aller Seemannssagen. Sie drückt aus, was Generationen von Seefahrern in Europa und auch in Nordamerika immer wieder empfunden haben.

Was von den zahlreichen mündlichen Überlieferungen aus einigen hundert Jahren übrig geblieben war, wurde erst mit Beginn des 19. Jahrhunderts aufgeschrieben.

Wer mag er wohl gewesen sein, dieser Fliegende Holländer? Wurde damit ein verwunschenes Schiff bezeichnet? War es ein legendärer Kapitän?

Ein Versuch der Deutung findet sich in der Zeitschrift »Daheim«, Jahrgang 1867: »Ein holländischer Kapitän van Straaten wurde zur Strafe für sein gottloses Leben und weil er, um seine Verachtung des christlichen Glaubens darzutun, am Karfreitag aus dem Hafen in See ging, verdammt, ruhelos auf dem Meer umherzusteuern. Am Kap der Guten Hoffnung kreuzt er gegen die Stürme, ohne von der Stelle zu kommen. In der holländischen Tracht des 17. Jahrhunderts lehnt er einsam am Maste seines Schiffes.«

Schriftsteller und Dichter der Romantik und der Aufklärung nahmen Themen auf, die sich um das im Binnenland noch weitgehend unbekannte seefahrende Volk rankten. Auf ihren Reisen und Begegnungen mit Seeleuten und Fischern lauschten sie voller Interesse deren erstaunlichen Berichten.

Eine Geschichte wie sie der Fliegende Holländer verkörpert, konnte im Binnenland gar nicht entstehen. Sie konnte nur von Menschen erzählt werden, die intime Kenntnisse vom Meer, von den Schiffen und dem Leben an Bord dieser Schiffe besaßen. Allein die Fachleute zur See, die den Zauber und die Schrecken der Seefahrt aus eigenem Erleben kannten, waren berufen, diese Legenden zu bewahren und weiterzugeben.

Unter den verschiedenen Versionen der Sage fällt auf, dass sie auf unterschiedliche Weise erzählt wurde. Bekannt sind

Übersegelung

Geschichten vom Gespensterschiff oder von einem Geisterschiff und auch die vom Totenschiffen, die sich auf nordische Mythen gründet. Untereinander gab es Berührungspunkte, die schließlich zu einer Vermengung der Strukturen führten.

Woher mag jedoch das Wort »fliegender« gekommen sein? Wünschte man sich vielleicht, mit einem Schiff durch die Lüfte zu segeln? Oder war es Ausdruck eines schnellen, in fliegender Eile dahinfahrenden Seglers? Möglicherweise bezog sich dieses Beiwort auch allein auf den Kapitän. Von allem mag etwas in dieser Bezeichnung stecken: die Schnelligkeit, der wechselnde Aufenthaltsort, das rasche Auftauchen und ebenso plötzliche Verschwinden des geheimnisvollen Schiffes. Nicht unwichtig für einen Erklärungsversuch sind »das ständige Umhergetrieben werden«, das »nicht wieder an Land Zurückdürfen«, »der unselige Fluch des Kapitäns«, der Segelschiff, Mannschaft und sich selbst schwer belastete.

Die Sage vom Fliegenden Holländer wurde stets mit ganz bestimmten und tatsächlich existierenden Personen in Verbindung gebracht. Dafür stehen die Geschichten von einem Kapitän Barent Fokke, eines Van der Dekken oder des Kapitäns Van der Straaten, der von einigen Autoren auch Vanderstraaten geschrieben wurde. In ihnen soll der Fliegende Holländer verkörpert gewesen sein.

Es gibt nordamerikanische, skandinavische, deutsche, englische und auch französische Versionen, wie auch eine bretonische Überlieferung der Sage vom Fliegenden Holländer. Der Ewige Segler, mitunter auch als Nachtkreuzer bezeichnet, kommt in fast allen Versionen vor.

Ein Indiz für die Verbindung der Sage vom Fliegenden Holländer mit einer Person, die tatsächlich lebte, könnte die Geschichte sein, die von Kapitän Fokke berichtet. Der Heimatforscher Rolf Engert hat sie um 1920 in der Diktion des 19. Jahrhunderts aufgeschrieben.

Kapitän Barent Fokke

»Barent Fokke lebte zu Anfang des 17. Jahrhunderts. Er war ein unfeiner, kühner und unternehmender Seemann, der die See, wie die Überlieferung sagt, ohne sich an Wind und Wetter zu kehren, immer mit vollen Segeln durchfuhr, er hatte eiserne Stangen auf den Masten, damit dieselben bei starkem Winde nicht über Bord wehen konnten, und legte bereits damals die Reise von Batavia nach Holland in neunzig Tagen

Der Ewige Segler

Das Ende

zurück, während er innerhalb acht Monaten die Hin- und Zurückreise machte. Zu seiner Zeit, wo die Schiffer den Weg nach Ostindien und die auf dem Weltmeere herrschenden Winde und Strömungen noch nicht so genau kannten als jetzt, wo der vorsichtige Steuermann sobald der Abend zu dunkeln anfing, die Segel einzog, und wo daher die Dauer einer gewöhnlichen Reise von Holland nach Java auf mehr als gegenwärtig die Hin- und Zurückreise geschätzt wurde. Zu jener Zeit kann es nicht befremden, daß so unglaublich günstige Reisen als die vom Schiffer Barent Fokke übernatürlichen Ursachen zugeschrieben wurden. Die einen nannten ihn einen Zauberer, andere wiederum sprachen von einem Pactum mit dem Bösen und dergleichen. Es ging ihm dabei wie jenem spanischen Schiffer, welcher zuerst durch seine genauere Kenntnis von den Winden in dem südlichen stillen Meere die Reise von Callao nach Valparaiso innerhalb vierzig Tagen vollendete, während man allgemein viel längere Zeit und manchmal ein Jahr dafür brauchten, und welcher deshalb der Zauberei angeklagt, ins Gefängnis geworfen und vor dem Inquisitionstribunal zur Verantwortung gerufen wurde.

Dieser Glaube wurde in Hinsicht auf Barent Fokke noch gestärkt durch seine ganz ungewöhnliche Größe und Körperkraft, durch sein höchst abschreckendes Äußeres und sein rohes zurückstoßendes Benehmen, sowie durch seine Gewohnheit, bei den geringsten Hindernissen, welche sich ihm in den Weg legten, die fürchterlichsten Verwünschungen auszustoßen.

Als er nun endlich zum letzten Mal den Hafen verlassen hatte, und man nichts mehr von ihm hörte, so hieß es ganz natürlich, er sei in die Macht des Teufels geraten, welcher ihn, entweder zur Strafe für seine Sünden oder infolge des mit ihm geschlossenen Paktes, verurteilt habe, auf ewig mit seinem Schiffe zwischen dem Kap der Guten Hoffnung und der Südspitze von Amerika herumzukreuzen, ohne jemals irgendeinen Hafen besuchen zu dürfen.

Von diesem sonderbaren irrenden Schiffe wußten im vorigen Jahrhundert fast alle Seefahrer der indischen Meere zu erzählen. Mancher Schiffer war des Nachts von dem verzauberten holländischen Schiff angerufen worden und hatte es deutlich gesehen. Die Mannschaft an Bord desselben bestand nur aus dem Capitan, dem Bootsmann, dem Koch und einem einzigen Matrosen, alle steinalt und mit langen Bärten.

Jede an sie gerichtete Frage blieb unbeantwortet, indem sie zur Folge hatte, daß das Schiff augenblicklich verschwand.

Bisweilen wurde das Gespensterschiff auch am Tage gesehen, und öfters hatten kühne Waghälse es gewagt, mit einer Schaluppe an Bord desselben zu gehen, allein sobald sie es erreicht hatten, entschwand es wieder.«

Dieser Geschichte fügte Engert noch eine Nachbemerkung hinzu: »Das Andenken des Schiffers Barent Fokke wurde lange nach seinem Verschwinden auf eine schöne Art bewahrt. Die Holländer errichteten eine eherne Bildsäule zu seiner Ehre auf der kleinen Insel Kuiper. Sie stand an einer Stelle, wo sie allen Schiffen, welche die Reede von Batavia besegelten, ins Auge fallen mußte. Dieses Monument, das von den Verdiensten jenes alten holländischen Seefahrers einen höheren Begriff geben mußte, als das Märchen von dem Gespensterschiff, wurde von den Engländern, als sie im Jahre 1811 Java eroberten, niedergerissen.«

Die Sage vom Kapitän Van der Decken

Eine andere Sage erzählt von einem Kapitän Van der Decken. Sie wurde zuerst in der Mai-Nummer des Jahrgangs 1821 der britischen Zeitschrift »Blackwoods Edinburgh Magazine« in novellistischer Einkleidung veröffentlicht. 1838 erschien sie in J. P. Lysers »Abendländische Tausend und eine Nacht«, in der Fassung: »Die Sage vom Kapitän Van der Decken«.

»Ein holländischer Schiffskapitän namens Van der Decken aus dem Gebiete der Stadt Terneuse, der ums Jahr 1600 auf einer Reise nach Indien begriffen war, suchte vergeblich, das Kap der Guten Hoffnung zu umsegeln. Da tat er den Schwur, er wolle trotz Sturm und Wellen, trotz Donner und Blitz, trotz Gott und Teufel um das Kap herumfahren, und wenn er bis zum Jüngsten Tage segeln solle. Da rief eine Stimme vom Himmel: ›Bis zum jüngsten Gericht!‹

So muß er immer noch fahren. Sein Schiff ist schwarz und führt eine blutrote Flagge, es fährt im ärgsten Sturmwind unter vollen Segeln, sein Erscheinen kündigt den Fahrzeugen, welche ihm begegnen, Sturm oder Untergang an.«

Hier könnten die Gründe dafür liegen, dass die oft sehr unwissenden und abergläubischen Seeleute vor einem Holländer große Angst hatten. Diese Annahme wird durch die Sage vom Kapitän Van Straaten gestärkt, der ebenfalls der Fliegende Holländer gewesen sein soll.

Die Holländersage, wie sie in der Bretagne erzählt wurde

Überliefert ist auch eine Geschichte vom Fliegenden Holländer, wie sie in der Bretagne erzählt wurde. Sie ist uns von dem französischen Admiral A. Jal überliefert worden. Der Verfasser hörte sie in seiner Jugend von einem alten Bootsmann auf dem Schiff LE TOURVILLE, auf dem er das Seemannshandwerk erlernte.

Übrigens ist dies eine Bestätigung dafür, dass die Geschichte mündlich von Generation zu Generation weitergereicht wurde.

»Es war einmal vor langer Zeit ein Schiffskapitän, der glaubte weder an Heilige, noch an Gott, noch an sonst was. Es war ein Holländer, wie man sagt, ich weiß nicht, aus welcher Stadt, aber das tut nichts zur Sache. Einst fuhr er aus, um nach Süden zu segeln. Alles ging gut bis zur Höhe des Kaps der Guten Hoffnung. Aber dort erhielt er einen gewaltigen Windstoß. Das Schiff war in großer Gefahr, jedermann sagte zum Kapitän: ›Kapitän, man muß einen Hafen anlaufen, wir sind verloren, wenn Ihr Euch darauf versteift, in See zu bleiben, wir werden unfehlbar sterben, und es gibt keinen Geistlichen an Bord, um uns Absolution zu erteilen‹.

Der Kapitän lachte ob dieser Ängste der Mannschaft und der Passagiere, er sang, der Frevler, schreckliche Lieder, die ausreichten, den Blitzstrahl hundertmal auf seinen Mast herabzuziehen. Er rauchte ruhig seine Pfeife und trank Bier, als säße er am Tisch einer Schenke in Antwerpen.

Seine Leute drangen in ihn, nachzugeben, aber je mehr sie ihn baten, um so mehr versteifte er sich darauf zu bleiben. Alle Segel waren gesetzt, er hatte nicht einmal beigedreht, was alle zittern machte. Seine Masten brachen, seine Segel wurden weggefetzt, und bei jedem Unfall lachte er, wie ihr es auch tun würdet, wenn man euch eine gute Neuigkeit meldete.

Also, der Kapitän machte sich lustig über den Sturm, die Warnungen der Matrosen und das Jammern der Passagiere. Man wollte ihn zwingen, nachzugeben, in eine Bay einzulaufen, die Schutz gewährte, aber er warf den, der drohend auf ihn losging, ins Meer.

Da öffnete sich eine Wolke und eine große Gestalt stieg auf das Achterkastell des Fahrzeuges hernieder. Man sagte, diese Gestalt wäre der himmlische Vater. Alle gerieten in Furcht. Der Kapitän fuhr fort, seine Pfeife zu rauchen. Er lüftete nicht einmal seine Mütze, als die Gestalt das Wort an ihn richtete: ›Kapitän‹, sagte sie, ›du bist ein Starrkopf.‹

›Und Ihr ein Unverschämter‹, antwortete der Kapitän, ›laßt mich in Frieden, ich verlange nichts von Euch, macht Euch rasch weg von hier, oder ich schieße Euch eine Kugel vor den Kopf.‹

Der große Alte erwiderte nichts, er zuckte die Achseln. Da sprang der Kapitän nach einer seiner Pistolen, lud sie und zielte auf die Gestalt aus den Wolken. Der Schuß, anstatt den Mann im weißen Barte zu verwunden, durchbohrte die Hand des Kapitäns, das ärgerte den ein wenig, ihr könnt es glauben. Er erhob sich, um dem Greis einen Faustschlag ins Gesicht zu versetzen, aber sein Arm sank von einer Lähmung getroffen herab. Oh meiner Treu, da geriet er in einen Zorn, schwor und fluchte wie ein Gottloser und nannte den lieben Gott ich weiß nicht wie.

Die große Gestalt sagte alsdann zu ihm: ›Du bist ein Verfluchter! Der Himmel verdammt dich, auf immer zu segeln, ohne jemals einen Hafen anlaufen, noch Anker werfen, noch dich zum Schutz in eine Reede oder irgendeinen Hafen begeben zu können.

Du sollst weder Bier noch Tabak haben, du sollst zu allen deinen Mahlzeiten Galle trinken, du sollst glühendes Eisen als Priem kauen, dein Schiffsjunge wird Hörner an der Stirn, das Maul eines Tigers und die Haut rauer als ein Seehund bekommen.‹

Der Kapitän stieß einen Seufzer aus, der andere fuhr fort: ›Du sollst ewig auf Wache sein, und du sollst nicht einschlafen können, wenn du schläfrig bist, weil, sobald du ein Auge schließen möchtest, ein langes Schwert in deinen Leib eindringen wird. Und da du gerne die Seeleute quälst, sollst du sie quälen.‹

Der Kapitän lächelte. ›Denn du wirst der Teufel des Meeres sein, du wirst ohne Aufhören durch alle Breiten fahren, du wirst niemals Ruhe noch schönes Wetter haben, der Sturm wird dein Segelwind sein, der Anblick deines Schiffes, das bis zum Ende der Zeiten in den Gewitterstürmen des Ozeans dahinfliegen wird, soll allen Unglück bringen, die es gewahr werden.‹

›Amen, denn!‹, schrie der Kapitän, aus vollem Halse lachend.

›Und wenn die Welt untergeht, wird Satan dir zum Ruhesitz einen Höllenkessel geben.‹

›Ich pfeife drauf‹, war die ganze Antwort des Kapitäns.

Der himmlische Vater verschwand, und der Holländer fand sich allein mit seinem Schiffsjungen, der schon verwandelt war, wie ihm der Greis gesagt hatte. Die ganze Schiffsmannschaft entschwand mit der großen Gestalt in der Wolke, der Kapitän sah es und begann zu lästern.

›Ja, lästere nur, das wird dir viel helfen.‹

Seit diesem Tag segelt der Fliegende inmitten der schweren Wetter, und sein ganzes Vergnügen besteht dann, den armen Seeleuten Böses zuzufügen. Er ist es, der ihnen den Hagel schickt, der ihre Schiffe auf Sandbänke wirft, die nicht existieren, da sie im Neptun (ein französischer Seeatlas d. V.) nicht angezeigt sind, der sie auf falschen Kurs setzt und Schiffbruch leiden läßt.«

In dieser Erzählung sind bereits alle Merkmale der Angst einflößenden Sagengestalt des Fliegenden Holländers enthalten. Da die Seeleute im 18. und 19. Jahrhundert sich aus Vertretern vieler Nationen rekrutierten, die sich in den Häfen und an Bord begegneten, ist davon auszugehen, dass auch diese Version des Fliegenden Holländers zum Allgemeingut der Seefahrer gehörte.

Der Fliegende Holländer im deutschen Sprachraum

Heinrich Smidt (1798-1867), ein ehemaliger deutscher Seemann und Angestellter im Berliner Marineministerium, schrieb 1825 die Novelle »Der ewige Segler«. Darin ist u. a. zu lesen: »Die Sage geht schon seit undenklichen Zeiten unter den englischen und holländischen Seeleuten geringerer Klasse umher und wird von ihnen als eine nicht zu bestreitende Tatsache angenommen. Die Holländer erzählen, einer ihrer Landsleute (die Engländer geben ihn für den ihrigen aus), dessen Name aber im Strom der Zeiten untergegangen ist, sei aus Ostindien zurückgekehrt, habe aber den Ort seiner Bestimmung, Amsterdam – bei den Engländern London – nicht erreichen können, weil ohne Aufhören ein konträrer Wind geweht habe.

Nach 20wöchentlichem Umhertreiben habe er sich und sein ganzes Schiff verflucht und der Hölle zugeeignet und geschworen, er wolle sein ganzes Leben im Ozean zubringen. Plötzlich erhob sich ein Sausen und Brausen, es war wie finstere Nacht, die Schiffsleute wurden den Augen des Schiffers entrückt und durch die Vorsehung in ihr Vaterland versetzt, nur er blieb zurück, ein ewiger Spielball der Elemente. Mit ihm ein großer, weißer Pudel. Dieser sitzt immer aufrecht bei seinem Herrn am Steuerruder, ein Platz, den dieser nie verlässt. Unaufhaltsam treiben Sturm und Wetter ihn von Land zu Land, von Küste zu Küste, und wenn er landen will, führt ihn ein pfeilschneller Sturm von dannen. Eingehüllt in einen schwarzen Mantel und unbedeckten Hauptes starrt er in die dunkle Nacht hinaus.«

Auch in Temmes Volkssagen von Pommern und Rügen, herausgegeben 1840, findet sich eine Geschichte, die der Sage vom Fliegenden Holländer sehr nahe kommt: »In der Gegend vom Kap der Guten Hoffnung treibt sich ein Nachtkreuzer in der See herum. Er kreuzt an alle Schiffe heran, und man sieht aus allen seinen Kanonenluken Feuer brennen, er kommt so nahe, daß man seine Segel hören kann, aber im Wasser rauschen hört man ihn nicht. Man muß sich vor ihm in Acht nehmen, daß man nichts von ihm annimmt, auch nicht einmal einen Brief zur Bestellung, denn dieser Nachtkreuzer soll sich einmal vor schon sehr langer Zeit in großer Not dem Teufel übergeben haben, wenn er eine glückliche Reise machen werde. Nachher ist ihm das leid geworden, und er hat dem Teufel den Kontrakt aufgekündigt Nun kann er niemals nach Hause kommen.«

Die Ähnlichkeiten in allen diesen Berichten über den Holländer sind überraschend. Offensichtlich sind alle auf einen Kern zurückzuführen, der sich dann bei der Weitergabe von Mund zu Mund variantenreich verändert hat. Doch übereinstimmend handeln die Geschichten von einem holländischen Kapitän. Sie loben dessen seemännische Kühnheit, geißeln seine Gottlosigkeit und den Frevelmut, sich unbeugsam dem Meere oder gar dem Teufel hinzugeben. Und sie schildern dessen Grausamkeit gegen seine Mannschaft. Fast immer ist es ein Ostindienfahrer, und der Ort des schaurigen Geschehens ist das sagenumwobene Kap der Guten Hoffnung an der Südspitze Afrikas. Man könnte nun meinen, dass damit die Geschichte rundherum geklärt sei. Es muss wohl ein holländischer Kapitän gewesen sein, auf den die Sage zurückzuführen ist.

Und doch sind Zweifel anzumelden.

VIERTES KAPITEL

Ursprünge der Holländersage

Um den Ursprüngen der Sage näher zu kommen, scheint es geboten, den Blick auf das Kap der Guten Hoffnung zu richten. Denn vor der ersten gelungenen Umsegelung der afrikanischen Südspitze erzählten sich die Seeleute Geschichten vom ewig kreuzenden Gespensterschiff noch nicht. Auch im nordischen Sagenkreis, der von den Wikingern beeinflusst worden ist, gab es keine Holländerversion. Für die Wikinger galt es als höchst ehrenvoll, möglichst lange an Bord zu leben, zu segeln und zu kämpfen. Es galt als feige, etwa im Sturm das Großsegel zu reffen. Das schließt aus, dass diese sich davor gefürchtet hätten, »ewig auf dem Meer kreuzen« zu müssen.

Von den Griechen kennen wir, dank Homer, die Heldensage vom verirrten Odysseus und den mutigen Argonauten, die ferne Gestade am Schwarzen Meer erreichten. Auch hier findet sich kein Hinweis auf ein Geisterschiff.
Aus dem arabischen Kulturraum ist die Sage von Sindbad dem Seefahrer überliefert, der auf seinen Reisen ebenfalls die aben-

Kap der Guten Hoffnung

Portugiesischer Ostindienfahrer

teuerlichsten Erlebnisse zu bestehen hatte. Das alte Russland gab Kunde vom tapferen Seefahrer Sadko. Beide, Sindbad und Sadko begegneten auf ihren Reisen ebenfalls keinem Geisterschiff.

Selbst Christoph Columbus, der sich nun wahrlich weit hinaus auf das unbekannte Meer wagte, hatte wie seine berühmten Entdecker vor ihm, keine Begegnung mit einem Gespensterschiff.

Und doch kommt im Zeitalter der wagemutigen Entdecker, besonders bei der Suche des Seewegs nach Indien um das Kap der Guten Hoffnung, die Sage in die Welt.

Es hat etwas damit zu tun, dass derartige Fernfahrten natürlich erst mit der Weiterentwicklung des Schiffbaus mög-

Heinrich der Seefahrer veranlasste die Suche des Seeweges nach Indien rund um Afrika

lich wurden. Schließlich musste auch die Anzahl der Schiffe insgesamt groß genug sein, um auf der Route nach Ostindien überhaupt eines anderen Fahrzeugs ansichtig zu werden.

Nach den Aufsehen erregenden Berichten des Marco Polo, der den beschwerlichen Landweg nach Asien bewältigt hatte, wurden die europäischen Seefahrtsnationen vom Fieber gepackt. Die Suche nach dem Seeweg zum reichen Indien hatte sie erfasst. Diese Suche war notwendig geworden, weil die Osmanen durch ihr Vordringen nach Kleinasien und die Eroberung Konstantinopels die traditionellen Landwege von den Schätzen des Orients nach Westen unterbrochen hatten und versperrt hielten. Von dieser Sperre war vor allem der mächtige Stadtstaat Venedig betroffen, der vormals den Orienthandel ziemlich allein abgewickelt hatte. Nun verstrickte sich Venedig mehr und mehr in zermürbende Kämpfe mit den Türken, um die alten arabischen Handelswege durch die Wüsten zu den Häfen des Mittelmeeres wieder durchlässiger zu machen.

König Juan II. von Portugal

So war es vor allem das am Atlantischen Ozean liegende portugiesische Königreich, das die Gunst der Stunde nutzte und sich energisch der Suche nach der Gewürzroute annahm. Denn die Nachfrage in Europa nach Gewürzen und Duftstoffen aus Indien und Arabien, nach indischer und chinesischer Seide, nach Baumwoll- und Wollstoffen, nach Edelsteinen und Gold, vor allem nach Gold, war groß.

Auf Geheiss König Juans II. von Portugal unternahmen Ende des 15. Jahrhunderts die besten Seefahrer dieses Landes zahlreiche Versuche, den Seeweg nach Indien zu finden. Stück für Stück tasteten sich die Entdecker unter großen Ängsten, entlang der afrikanischen Westküste, nach Süden vor.

1485 erreichte der Portugiese Diego Cao, nach vielen vergeblichen Versuchen seiner Vorgänger, als südlichsten Punkt die Walfischbai im heutigen Namibia nahe Swakopmund. Doch seine Schiffe kehrten ohne ihn zurück.

Was war geschehen? War Cao an einer heimtückischen Krankheit gestorben? Hatten ihn etwa meuternde Matrosen über Bord geworfen? Die Geschichte schweigt darüber.

Nach Auswertung der von Caos Besatzungen gemachten Erfahrungen brach im Sommer 1487 Bartolomeo Dias mit den Karavellen SAO CHRISTOVAO und SAO PANTALEAO sowie einem Versorgungsschiff nach Süden auf.

Weihnachten 1487 zwang ihn ein heftiger Sturm in Höhe der Oranjemündung, also etwa 28°33' S und l6°21' E, einen südlichen Kurs weit hinaus auf das offene Südmeer zu segeln.

Als er nach 13 Tagen wieder auf Ostkurs gehen konnte und dann nach Norden steuerte, hatte er inzwischen das südlichste Kap des afrikanischen Kontinents passiert, ohne es gesehen zu haben.

Er betrat am 3. Februar 1488 in der Fischbai (34° 15' S und 21° 58' E) wieder das Festland.

Kapitän Dias wusste nun, dass der Weg nach Indien frei war. Er versuchte mit Härte die Mannschaft zur Weiterfahrt zu zwingen. Doch die von Sturm und Entbehrungen gezeichneten Männer weigerten sich. So kehrte er notgedrungen um, sah dann auf der Rückreise das südliche Kap bei gutem Wetter, und meldete daheim seinem König, dass er das Cabo tormentoso, das Kap der Stürme, erstmals umsegelt habe. König Juan II. aber taufte es sofort um. Er wollte andere Wagemutige nicht davon abhalten, die Umsegelung erneut zu versuchen. So ließ er es *Cabo de boa esperanca*, Kap der Guten Hoffnung, nennen.

Im Jahre 1500 brach Pedro Alvarez Cabral mit einem Schiffsgeschwader nach Süden auf. Auch Bartolomeo Dias führte eines dieser Fahrzeuge des Kommodore Cabral. Das Geschwader wurde jedoch von einem starken Sturm bis vor die Küste Brasiliens getrieben und konnte dann erst auf Ostkurs gehen. Dadurch avancierte Brasilien praktisch aus Versehen zu einer portugiesischen Entdeckung.

Noch vor dem Kap der Guten Hoffnung gerieten Cabrals Schiffe erneut in einen fürchterlichen Sturm. Große Windhosen brausten über die hochgehenden Wogen und eine von diesen erfasste das Schiff des Kapitäns Bartolomäo Dias. Es wurde mit noch zwei weiteren Schiffen verwüstet und sank. Dias und alle drei Besatzungen kamen ums Leben.

Das war der Stoff für Erzählungen und für eine Legende.

Dies sei ein Zeichen Gottes gewesen, raunten sich die Seeleute daheim zu. Hatte Dias nicht auch einen unseligen

Denkmal der Entdeckungen in Lissabon

Vasco da Gama (um 1460 (1469?)-1524)

Schwur geleistet, bevor ihn die Mannschaft zwang, nach seiner Kapumseglung umzukehren?

Auch die übrigen Schiffe Cabrals, die den Sturm überstanden hatten, erreichten Indien nicht. So erteilte Manuel I., der Nachfolger Juans II., Vasco da Gama 1497 den Befehl, das Kap endlich zu umschiffen. Koste es, was es wolle, er sollte weiter nach Norden vordringen. Das gelang ihm unter größten Anstrengungen und ebenfalls nach ernsten Auseinandersetzungen mit seinen Besatzungen. Und tatsächlich, er erreichte mit Hilfe eines arabischen Lotsen endlich Indien.

Doch damit war erneut für das seefahrende Volk Stoff für Legenden gegeben. Die sensationellen Taten der portugiesischen Seefahrer sprachen sich schnell herum. Schon bald erzählte man sich in Hafenspelunken, dass die Mannschaften Vasco da Gamas gemeutert hätten, weil sie nicht länger gegen den konträren Sturm segeln wollten. Es wurde behauptet, Vasco da Gama hätte größte Sorgen gehabt, seine verängstigten Mannschaften zu besänftigen und zum Weitersegeln zu überreden. Zweifel an der Richtigkeit des Kurses und Ängste vor dem Unbekannten hätten um sich gegriffen. In der mittelalterlichen Chronik »Lendas da India« schilderte Mitte des 16. Jahrhunderts ein Caspar Correa sogar ausführlich die angebliche Meuterei. Vasco da Gama hätte seine von den Arabern stammenden Seekarten der ostafrikanischen Küsten über Bord geworfen. Er soll sogar Steuermann und Schiffsmeister in Ketten gelegt und ausgerufen haben, er brauche weder Schiffsmeister noch Pilot. Gott sei von nun an der Steuermann.

Wie jedoch aus dem später gefundenen Reisebericht eines Teilnehmers hervorging, umsegelte Vasco da Gama das Kap der Guten Hoffnung bei bestem Wetter. Erst auf der Rückreise kam Sturm auf. Auch eine Meuterei soll es, späteren Nachforschungen zufolge, nicht gegeben haben. Das alles spricht dafür, dass das Geschehen weitläufig erörtert wurde. Damit gab es reichlich Nährboden für die Entstehung der Sage.

Die Entdeckung des Seeweges nach Indien und die durch die Entdecker bewiesene Tatsache, dass die Erde eben doch keine Scheibe, sondern von Kugelgestalt ist, muss für die Menschen jener Zeit auch eine Schockwirkung gehabt haben. So mancher mag dennoch davon überzeugt gewesen sein, dass bei diesen Fahrten in ferne Welten vielleicht doch etwas nicht mit rechten Dingen zugegangen sei. Womöglich hätte auch der Teufel seine Hand im Spiele gehabt.

Zur Erinnerung: Auch Bartolomäo Dias soll am Kap der Stürme einen unheilvollen und gotteslästerlichen Schwur geleistet und geflucht haben. Und hatte diesen dann später nicht sogar die Strafe des Himmels ereilt?

Wie unschwer zu sehen ist, vermengten sich damit bereits im Mittelalter realistische Ereignisse mit Legenden um Cao, Dias, da Gama und denen anderer Seefahrer.

Hinzu kam aber auch noch, dass der portugiesische König strenge Order gegeben hatte, unterwegs auf dem Seeweg nach Indien keinesfalls in Afrika Land zu betreten. Das Verbot dürfte überhaupt ein Motiv dafür sein, dass die Sage vom ewig auf See kreuzenden Segler entstehen konnte.

Im Kern mag dann wohl im Gedächtnis der »Eingeweihten« hängen geblieben sein: der verwunschene Kapitän darf nicht an Land gehen, er muss im Sturm auf ewig kreuzen.

Nach Bartolomäo Dias und Vasco da Gama, die die ersten am Kap der Guten Hoffnung waren, umsegelten später ungezählte Kapitäne mit ihren Schiffen und Besatzungen diesen Ort. Den Portugiesen folgten die Spanier und einhundert Jahre später auch die Holländer. Viele Mannschaften hatten dabei schwere und unerklärbare Situationen zu überstehen. Konkrete Erfahrungen des Meeresalltags vermischten sich mit mystischen Vorstellungen, vor allem aber mit dem seemännischen Aberglauben.

Portugiesen und Spanier beherrschten nur ein Jahrhundert lang den Seeweg nach Indien. Dann drängten sich andere Seemächte in den Vordergrund und machten ihnen das Handelsmonopol streitig. Das waren zunächst die Holländer, später die Engländer.

Es fällt auf, dass man zu keiner Zeit von einem fliegenden Portugiesen oder von einem fliegenden Spanier berichtete.

Wie mag es dann aber schließlich dazu gekommen sein, die Seemannssage mit den Holländern zu verbinden?

FÜNFTES KAPITEL

Der Fliegende Holländer erobert die Literatur

Wie wohl keine andere Volkssage hat die vom Fliegenden Holländer viele Menschen durch die Jahrhunderte begleitet und tief bewegt. Das betraf allerdings lange Zeit nur die Fahrensleute selbst oder allenfalls Menschen, die auf irgendeine Weise mit der Seefahrt Kontakt hatten.

In der Sage vom Fliegenden Holländer kommen die Erfahrungen, die Sehnsüchte und die Weltsicht vieler Generationen von Seeleuten zum Ausdruck. Sie gilt nicht zu Unrecht als eines der schönsten und bemerkenswertesten literarischen Zeugnisse aus dem Seemannsleben und ist trotz aller Widrigkeiten und Geheimnisse, die sich um sie ranken, ein Symbol des furchtlosen und beharrlichen Strebens der Menschen des Mittelalters, ferne Gestade zu erkunden und zu erschließen.

Lange Zeit wurde die gruselige Mär vom ewig auf den Meeren kreuzenden und verfluchten Kapitän nur mündlich weitergegeben. Die Seeleute mögen sie erzählt haben, wenn ihre Tiefwassersegler in Flauten gerieten und Langeweile die Besatzungen ergriff. Die Heimkehrenden berichteten in den Hafenkneipen von Begegnungen, die sie mit merkwürdigen Gespenster- oder Totenschiffen in Sturm und Nebel hatten, und die, so der Aberglaube, in den meisten Fällen auch Verderben und Tod über Schiff und Besatzung brachten, denen man nur mit Glück entkam.

Wer mag er nun tatsächlich gewesen sein, der Fliegende Holländer? War es wirklich der Kapitän eines holländischen Schiffes?

Seeleute bezeichnen Schiffe oft nach ihrer Flagge: Es hieß von anderen Fahrzeugen z. B. »Der »Engländer«, »Der Amerikaner«, »Der Holländer«. Natürlich war damit zugleich auch der Schiffer beziehungsweise Kapitän gemeint, der dieses Schiff und dessen Mannschaft befehligte. Es drängt sich der Gedanke auf, dass die Legende längst auf der Welt war und rundherum erzählt wurde. Nur, es fehlte die dazugehörige Leitfigur. Vielleicht glaubte man, diese in der Gestalt eines der holländischen Kapitäne gefunden zu haben. Denn die zählten im 17. Jahrhundert zweifellos zu den weltbesten und erfolgreichsten Skippern.

Erzähler und Tondichter nehmen sich der Legende an

Der junge Dichter Heinrich Heine erlebte im Verlaufe seiner Reisen auch die Nordsee und sah wahrscheinlich 1826 in London eine Theateraufführung des Stückes »The Flying Dutchman or the Phantom Ship« von Edward Fitzball.

Der Fliegende Holländer auf einer Theaterbühne in London um 1820

Im Jahre 1834 erschienen dann Heines »Memoiren des Herrn von Schnabelewopski«. Darin gelangte der Erzähler nach Amsterdam und berichtete: »Die Fabel von dem Fliegenden Holländer ist euch gewiß bekannt. Es ist die Geschichte von dem verwünschten Schiffe, das nie in den Hafen gelangen kann, und jetzt schon seit undenklicher Zeit auf dem Meere herumfährt. Begegnet es einem anderen Fahrzeuge, so kommen einige von der unheimlichen Mannschaft in einem Boote herangefahren und bitten, ein Paket Briefe gefälligst mitzunehmen. Diese Briefe muß man an den Mastbaum festnageln, sonst widerfährt dem Schiffe ein Unglück, besonders wenn keine Bibel an Bord oder kein Hufeisen am Fockmaste befindlich ist. Die Briefe sind immer an Menschen adressiert, die man gar nicht kennt, oder die längst verstorben, so daß zuweilen der späte Enkel einen Liebesbrief in Empfang nimmt, der an seine Urgroßmutter gerichtet ist, die schon seit hundert Jahren im Grabe liegt.

Jenes hölzerne Gespenst, jenes grauenhafte Schiff führt seinen Namen von seinem Kapitän, einem Holländer, der einst bei allen Teufeln geschworen, daß er irgendein Vorgebirge, dessen Namen mir entfallen, trotz des heftigen Sturms, der eben wehte, umschiffen wollte, und sollte er auch bis zum Jüngsten Tag segeln müssen. Der Teufel hat ihn beim Wort gefaßt, er muß bis zum Jüngsten Tage auf dem Meere herumirren, es sei denn, daß er durch die Treue eines Weibes erlöst werde.«

Und in seinen Reisebildern von Norderney schrieb Heine: »Ich gehe hier oft am Strande spazieren und gedenke solcher seemännischen Wundersagen. Die anziehendeste derselben ist wohl die Geschichte vom fliegenden Holländer, den man im Sturm mit aufgespannten Segeln vorbeifahren sieht, und der zuweilen ein Boot aussetzt, um den begegnenden Schiffern allerlei Briefe mitzugeben, die man nachher nicht zu besorgen weiß, da sie an längst verstorbene Personen adressiert sind.«

Der Dichter der Romantik, Heinrich Heine, knüpfte dann an das offene Ende des Holländerstoffes an und führte sie zu einem halbwegs versöhnlichen Schluss: »Auf hoher Meeresklippe steht das Weib des Holländers; dieser ist wieder an Bord seines Schiffes, er gesteht den grauenvollen Fluch, der auf ihm lastet. Das Weib aber hält ihm die Treue – bis in den Tod, wie sie es ihm gelobt hat. Sie stürzt sich vom Felsen herab in das Meer, das Schiff versinkt, der Holländer ist erlöst.«

Damit servierte Heine geradezu ein exzellentes Opernsujet. Tatsächlich las der junge Komponist Richard Wagner Heines Erzählung in Riga, bevor er nach Misserfolgen sein Engagement überhastet abbrechen musste. Wagner und seine Frau vertrauten sich auf ihrer Flucht vor den Gläubigern einem Segler »kleinster Gattung«, der THETIS, an. Dazu schrieb Peter Gerds in der Schweriner Volkszeitung einen Beitrag, der hier wiedergegeben werden soll.

Das Holländerlied wurde auf einem mecklenburgischen Segler geboren

»Richard Wagner (1813-1883) hatte 1837 eine Anstellung als Kapellmeister am Theater in Riga gefunden. Doch der erhoffte Erfolg blieb aus, und nach zwei Jahren mußte der Musiker mit seiner Frau Minna die Flucht vor den Gläubigern antreten. Listigerweise hatten diese aber die Pässe des deutschen Paares einbehalten, um die heimliche Abreise zu verhindern. Wagner gelangte dennoch mit Frau und Freunden ohne große Schwierigkeiten über die von Kosaken bewachte russisch-preußische Grenze und erreichte unbehelligt den Hafen Pillau.

Nun galt es, hier ein Schiff zu finden, daß das Ehepaar Wagner ohne Papiere an Bord nahm und an ihr Reiseziel England brachte.

Nach einigen Tagen erklärte sich der vom Fischland stammende Schiffer, H.Th. Zeplien, bereit, die Passagiere auf seiner 1834 in Damgarten erbauten Galeasse THETIS unterzubringen. Richard Wagner schrieb darüber: ›Da der Capitän uns ohne Paß aufzunehmen hatte, war endlich auch die Besteigung seines Schiffes für uns wiederum von besonderer Schwierigkeit. Wir mußten noch vor Tagesgrauen uns auf einem Boote heimlich durch die Hafenwache an Bord unsres Schiffes zu schleichen suchen. Dort angelangt, mußten wir uns in einem unteren Raum verbergen, um von den vor der Abfahrt das Schiff besuchenden Visitatoren nicht bemerkt zu werden‹.

Der junge Richard Wagner

Alles ging gut, und der Schiffer meinte, bei dem Wetter würde man in acht Tagen London erreichen. Doch eine anhaltende Windstille in der Ostsee ließ die THETIS kaum vom Fleck kommen, so daß nach sieben Tagen erst Kopenhagen angelaufen werden konnte. Hier wurde mit Übernahme von Speisen und Getränken die schmale Schiffskost der Wagners aufgebessert, und frohen Mutes führte die Reise weiter in das Skagerrak. Dort brach der Sturm los. ›Volle 24 Stunden hatten wir unter für uns ganz neuen Leiden gegen ihn zu kämpfen. In die jämmerlich enge Kajüte des Capitäns eingepfercht, ohne eigentliches Lager für eines von uns Beiden, waren wir der Seekrankheit und allen Ängsten preisgegeben‹, berichtete Wagner.

Am 27. Juli – man war bereits zehn Tage unterwegs – musste die THETIS einen norwegischen Nothafen aufsuchen. Wagner erlebte einen seiner ›wunderbarsten Eindrücke mit der Fahrt in den Fjord, wo das Echo der ungeheuren Granitwände den Schiffsruf der Mannschaft zurückgab, unter welchem diese den Anker warf‹. Der kurze Rhythmus des Rufes haftete in mir wie eine kräftig tröstende Vorbedeutung und gestaltete sich bald zu dem Thema des Matrosenliedes in meinem Fliegenden Holländer, dessen Idee ich damals schon mit mir herumtrug.‹

Vier Tage später wollte Kapitän Zeplien die Reise fortsetzen, doch das Schiff lief mit einem Lotsen an Bord auf ein Felsenriff. Erneute Umkehr. Glücklicherweise ergab eine Untersuchung im Hafen keine Schäden. Hoffnung keimte auf. Diese verflog am 6. August, als erneut ein Orkan in der Nordsee tobte. Wagner notierte später, das sei der Zeitpunkt gewesen, ›wo wir jeden Augenblick unsren Tod voraussehen zu müssen glaubten‹.

Der 9. August schien der Tag der Erlösung zu werden. Die englische Küste rückte näher, und ein Lotse kam an Bord. Aber das Übel war noch nicht aus der Welt. 24 Stunden hatte der Lotse zu tun, die THETIS durch Sandbänke und Sturm zu bugsieren, und erst am 12. August machte die Galeasse an einer Pier in London fest.

Drei Wochen waren Richard und Minna Wagner unterwegs gewesen. Schwankenden Fußes betraten sie das Festland, um mit Kapitän Zeplien in der Schifferkneipe ›Horseshoe-Tavern‹ nahe dem Tower ein Glas auf die Ankunft zu trinken. Kurz darauf reiste das Ehepaar mit einem Dampfer nach Frankreich. 1841 entstanden in Paris Textbuch und Musik zur Oper ›Der Fliegende Holländer‹. Die Uraufführung erfolgte 1843 in Dresden.

Nachfahren des Kapitäns Heinrich Zeplien leben heute in Warnemünde. Die Zepliens waren eine der großen und bekannten Schifferfamilien auf dem Fischland und trugen dazu bei, den Ruf dieser hervorragenden Seeleute zu mehren. In

> ### Dritter Aufzug.
>
> (Seebucht mit felsigem Gestade.)
>
> **Matrosen des Norwegers.**
> Steuermann, laß' die Wacht!
> Steuermann, her zu uns!
> Ho! He! Je! Ho!
> Hißt die Segel auf! Anker fest!
> Steuermann, her!
> Fürchten weder Wind, noch bösen Strand,
> Wollen heute 'mal recht lustig sein!
> Jeder hat sein Mädel auf dem Land,
> Herrlichen Taback und guten Branntewein.
> Hussassahe!
> Klipp' und Sturm draus —
> Jollohohe!
> Lachen wir aus!
> Hussassahe!
> Segel ein! Anker fest! Klipp' und Sturm lachen
> wir aus!
> Steuermann, her! trink mit uns!

Richard Wagners Holländerlied

Wustrow findet man noch heute Schiffergrabsteine auf dem Gottesacker.«

Die Fahrt Heinrich Zepliens mit der Wagnerfamilie begann damals in Pillau, ging durch Ostsee, das Kattegatt und Skagerrak nach London. Wagner schrieb 1842 in seinen Bibliographischen Skizzen: »Der verwegene Holländer, dessen innige Bekanntschaft ich auf See gemacht hatte, fesselte fortwährend meine Phantasie, dazu machte ich die Bekanntschaft von H. Heines eigentümlicher Anwendung dieser Sage in einem Teil seines Salons (gemeint sind hier: »Die Memoiren des Herrn von Schnabelowopski«, d. V.).

Theaterzettel von der Uraufführung der Oper in Dresden

Besonders die von Heinrich Heine erfundene, echt dramatische Behandlung der Erlösung dieses Ahasverus des Ozeans, gab mir alles in die Hand, diese Sage zu einem Opernsujet zu benutzen«.

Der Fliegende Holländer bot fortan den Stoff für das dramatische Theater bis hin zur Opernbühne und für die unterschiedlichste Spannungsliteratur. Mit der von Heine erfundenen Erlösung durch ein liebendes Weib gab es auch ein publikumfreundliches Happyend. Davon machte allerdings der Schriftsteller Heinrich Smidt in seinem Roman keinen Gebrauch. Dafür schildert er eine Begegnung mit dem Fliegenden Holländer in allen Schrecken erregenden Einzelheiten. Zwar ließ sich der Name des von ihm beschriebenen holländischen Kapitäns Vanderdecken in den Archiven niemals finden, dafür aber der eines Kapitäns Van der Veken. Und dieser ist zweifelsfrei historisch verbürgt. Er führte eines der fünf holländischen Schiffe, die das erste Mal für die Niederlande die Route um das Kap Hoorn im Süden Amerikas umsegelten. Damit eiferte er Drake und Cavendish nach, die diesen Seeweg für England erschlossen hatten.

Heinrich Smidt zeichnete diese historisch verbürgte Gestalt, der Überlieferung gemäß, ausgesprochen negativ. Dies soll eine Textprobe aus der 1828 erschienenen Roman »Der ewige Segler« verdeutlichen.

Heinrich Smidts Geschichte vom Kapitän Vanderdecken

»Hoch auf den Wellen bewegte sich still und unheimlich der mächtige Rumpf eines Ostindien-Fahrers, der sich der Tafelbay gegenüber befand. Seit drei Tagen kämpfte er vergebens mit einer Windstille. Die kaum gefüllten Obersegel brachten ihn nur wenig von der Stelle, und die heftige Strömung des Meeres trieb ihn unwiderstehlich seitwärts. Hundert Augen hingen an der blauen Himmelsdecke, ob nicht irgendwo ein Wölkchen zu erspähen sei, von dem man die Rettung aus der stets wachsenden Gefahr erhoffen könne; aber der Himmel war klar und durchsichtig und spiegelte sich in dem glatten Meer wider [...].

Das Schiff, das den Namen GELDERLAND führte, war der Stolz der holländisch-ostindischen Handelsflotte. Der böse Geist, der den Frieden aus seinen Kajüten und von seinem Verdeck verjagt hatte, war der Kapitän des Schiffes, Mynheer Claas van Belem, ein hochmütiger, herrschsüchtiger Mann mit einem versteinerten Herzen und einem belasteten Gewissen. Die Offiziere gingen lautlos auf und ab und warfen verstohlene Blicke nach dem Eingang der Kajüte, fürchtend, daß ihr Oberhaupt erscheinen werde. Die Matrosen ließen sich gar nicht sehen. Sie hockten hinter den Booten, den Spillen und den Wasserfässern und flüsterten sich scheu und verstohlen ihre Bemerkungen und Befürchtungen zu. Ein alter, bärtiger Matrose, der dreimal sieben Jahre die Route nach Ostindien gefahren war, lag auf dem Bugspriet in dem Netz des Stagsegels und schaute auf einen jüngeren Kameraden der dicht unter ihm auf der blinden Raa saß. ›Wir gehen hier vielem Unglück aus dem Wege‹ sprach der junge Seemann von unten herauf; ›der Dienst auf dem Bugspriet hat sein Gutes. Das auswehende Jacksegel macht, daß wir vom Verdeck aus nicht gesehen werden können, und das Rauschen vor dem Bug übertäubt unsere Worte. Wir können ohne Scheu miteinander reden.‹

›Bis uns einer über den Hals kommt, der stark genug ist, uns das Maul zu stopfen, uns hier vorn und denen auf dem Quarterdeck. Hier in der Tafelbay ist nimmer etwas Gutes für einem Seemann zu hoffen, und derjenige soll froh sein, welcher sie mit leicht gerefften Segeln rasch durchschneidet. Wir liegen jetzt schon drei Tage darin, ohne von der Stelle zu kommen, und wenn der erscheint, dessen Namen ein frommer Seemann nicht aussprechen soll, ohne ein Gebet herzusagen [...].‹

›Ich weiß schon‹, unterbrach ihn jener, ›Ihr meint Vanderdecken, den Fliegenden Holländer!‹

›Still, du Unglücksbursche!‹

›Nun? Ich werde doch wohl von ihm reden können! Ist sein Name so gefährlich, daß er Euch vergiftet, wenn Ihr ihn in den Mund nehmt? Alles Glück mit unserer Flagge! Sie wird ebenso ungestört von unserer Gaffel wehen, wenn Kapitän Vanderdecken sich tausend Meilen von uns entfernt befindet, wie wenn er auf Kanonenschußweite in unser Kielwasser steuert; denn, mein guter Schiffsmaat, ich muß Euch nur sagen, daß ich von der Geschichte nicht sonderlich viel glaube und sie eher für Altweiberklatsch als für etwas Reelles halte.‹

Der bärtige Matrose wurde blutrot vor Zorn und richtete sich in seinem Netz halb auf: ›Das böse Zeug auf deinen Leib, du Hund! Noch einmal stoße solche Lästerung aus, und ich gebe dir einen Fußtritt, daß du rücklings in die See fällst!‹

Der junge Seemann eilte mit großer Schnelligkeit nach dem Außenende der Raa und rief: ›Seht zu, ob Ihr mich hier mit Eurem Fuß erreichen könnt!‹

Er hielt einige Augenblicke in seiner gefährlichen Stellung aus. Dann aber schwang er sich wieder einwärts und sagte: ›Meine Ration Genever sollt Ihr zwei Tage hintereinander haben, wenn Ihr mir sagt, ob etwas an dieser Geschichte mit dem Fliegenden Holländer ist und was Ihr davon eigentlich wißt. Denkt nur: Zwei Rationen!‹

Dieser Versuchung vermochte jener nicht zu widerstehen. Er überwand seine Furcht vor dem Gespensterschiff und begann: ›War der Kapitän eines großen und mächtigen Schiffes, dieser Vanderdecken. Reiches Gut hatte er im Raum und böses Volk in seinen Kojen. Er selbst war der Ärgste an seinem Bord und raste während seiner ganzen Reise mit und ohne Ursache. Wenn er aber in seine Kajüte hinabstieg, schloß er ich ein. Kein Mensch durfte versuchen hereinzukommen, wenn ihm sein Leben lieb war, und dann gingen die Greuel erst recht an. Er tobte, stampfte mit den Füßen und redete laut vor sich hin, doch so undeutlich, daß man nicht eine einzige Silbe verstehen konnte. Oft erhielt er auch Antwort von einem, dessen Gegenwart niemand bemerkte, und wenn dieser sprach, gab es einen Lärm, als ob alle Geister der Hölle zugleich losgelassen würden. Manche wollen sogar wahrgenommen haben, daß es nach höllischem Feuer roch. Sicher ist, daß einem solchen Besuch jedesmal ein heftiger Sturm folgte, der das Schiff in die größte Gefahr brachte. Ging nun Kapitän Vanderdecken nach einer solchen vom Teufel unterstützten Reise vor Anker, dann begab er sich sogleich an Land und brachte dort alle Teufeleien an, die er unterwegs von dem alten Höllenburschen gelernt hatte [...].‹

Die Furcht übermannte den Erzähler abermals. Er hielt inne und blickte nach allen Seiten um sich.

›Die Sonne sinkt immer tiefer, und bald wird es stockfinster sein. Dann ist die Zeit, wo der böse Vanderdecken sich sehen läßt. Darum laß uns rasch enden! Er erreichte also die Tafelbay, und hier ging das Ungemach erst recht an. Der Wind blies ihm heftig entgegen. Wochen und Monate vergingen, ohne daß er die Tafelbay zu durchschneiden vermochte. Bald lag das Schiff über Steuerbords-, bald über Backbords-Halsen;

Ankerhieven am Gangspill

aber immer trieb es während des einen Ganges ebenso viel rückwärts, wie es im vorigen gewonnen hatte, und all die mühevolle Arbeit war vergebens gewesen‹.

›Da ergriff den Vanderdecken eine ungeheure Wut. Er lästerte und rief: ›Nun will ich hier segeln bis an das Ende aller Tage! Soll ich mir selbst ein Schrecken und Grauen sein, so will ich es auch für alle diejenigen werden, welche in mein Kielwasser steuern, solange der Wind weht und der Hahn kräht!‹

›Und kaum hatte er diese Worte gesprochen, als der Hahn, der sich in den Hühnerhocken befand, überlaut zu krähen anfing. Im gleichen Augenblick brach ein heftiger Sturm los, und das Schiff raste, fast auf die Seite geworfen, mit einer solchen Schnelligkeit dahin, wie es noch jetzt die Unglückskinder sehen, die das Schicksal haben, sein Kielwasser zu schneiden.‹

Der junge Seemann schüttelte sich vor Furcht; denn er hatte schon anderswo gehört, daß derjenige, welcher des Fliegenden Holländers Kielwasser kreuzt, sich selbst den Lebensfaden durchschneidet. Leise wiederholte er bei sich die Worte Vanderdeckens: ›Solange der Wind weht und der Hahn kräht!‹

Die Pfeife des Bootsmanns unterbrach das Gespräch der beiden Maate. Der Wind hatte etwas geraumt, und die Rahen wurden aufgebraßt. Kaum war die Ordnung wiederhergestellt, als Kapitän Claas van Belem das Verdeck der GELDERLAND betrat. Er grüßte seine Offiziere mit einem mürrischen Kopfnicken und begann dann nach seiner Gewohnheit, das Quarterdeck auf- und abzuschreiten. Überall war sein Auge, und überall fand er etwas zu tadeln. Die Offiziere erhielten entweder offene Verweise oder ironische Lobsprüche, und die Matrosen wurden bis in die höchsten Toppe geschickt, um die Launen des Kapitäns auszuführen. Die rascheste Befolgung war aber nicht imstande, den Unmut des Gebieters zu beseitigen, sondern dieser wuchs von Augenblick zu Augenblick, und wer irgend in seine Nähe kam, konnte gewiss sein, die nachdrücklichsten Beweise seiner Unzufriedenheit zu empfangen.

Auf der Bramsaling des Fockmastes trafen zwei junge Toppgasten zusammen, die hierher auf den Ausguck geschickt worden waren. ›Hörst du das Donnerwetter unter uns, Jantje?‹

›Ich höre es. Es ist gerade so, als ob du auf einem Berge stehst. Da blitzt und donnert es auch unter dir.‹

›Mag sein. Ich bin niemals auf einem Berge gewesen außer; auf dem Hamburger. Doch da hat es nicht gedonnert und geblitzt, wohl aber gepaukt und getrompetet. Was – zum Teufel! – ist denn wieder los?‹

›Weißt du es nicht? Der Kapitän trägt in seiner Brust eine Art Ding, welches man Gewissen nennt. So groß er auch ist, so ist das kleine Ding doch größer und will sorgsam behandelt sein. Darum hat er es am liebsten, wenn es ruhig schläft. Nun wacht aber das unverschämte Ding mitunter auf, und dann soll es ihn unbarmherzig zwicken und zwacken. Sage mir doch, was deine Mutter tat, als du ein kleines Kind warst und sie dich in den Schlaf bringen wollte?‹

›Sie sang mir etwas vor vom weißen Gänschen.‹

›So macht es der da unten auch. Er singt seinen Leuten so viel vom Teufelholen und vom Donnerwetter vor, bis das Gewissen die Kneifzange ruhen läßt.‹

›Was hat es denn mit dem bösen Gewissen auf sich? Ist es wahr, daß er eine hübsche Frau hatte?‹

›So ist es, Backsmaat! Sie war so schön, daß man sie das Auge von Brabant nannte; denn sie war in Brabant geboren. Ihren Mann trug sie auf Händen. Aber der kümmerte sich nicht sonderlich um sie und behandelte sie stets rauh und kurz. Darüber grämte sich das arme Weib und ging ihm schließlich aus dem Weg. Als eines Tages der Kapitän unverhofft in den Garten trat, sah er seine Frau in einer Laube sitzen und ihr zur Seite einen Mann, der sein Gesicht an ihrer Brust verbarg. Claas van Belem soll sehr aufgebracht gewesen sein von Galle und Wein; sonst hätte er doch wohl erst ein wenig näher hingesehen. Doch der Teufel hatte ihn schon in den Krallen. Darum zog Claas van Belem den Degen und stach beide durch und durch.‹

›Alle Wetter!‹

›Durch und durch, sage ich dir! Und die Folge davon war, daß er ein paar Tage darauf seine Frau samt ihrem Vater begraben mußte.‹

›Halt ein mit deiner Geschichte; mich packt der Schwindel!‹

›Sei kein Narr, Bursche! Die Geschichte ist auch schon aus. Weißt du nun, warum ihn sein Gewissen wie das höllische Feuer brennt? Das ist kein Brand, den man so leicht löschen kann!‹

›Haben sie ihn denn nicht für seine Untat bestraft?‹

›Hat sich was! Mynheer Claas van Belem ist ein reicher, angesehener Mann, und reiche, angesehene Leute haben immer recht. Er wurde zwar in Gewahrsam gebracht; aber die Doktoren steckten sich dazwischen und sagten [...], sie sagten, er leide an momentanem Wahnsinn und es könne ihm keiner etwas anhaben.‹

›Ein Segel, ein Segel!‹ rief der Ausguckmann vom großen Topp. Die beiden Vortopp-Männer fuhren bei diesem Ruf erschrocken von ihrer Saling auf. Ihr Blick schweifte über das Wasser hin, und gleich darauf schreien auch sie: ›Ein Segel!‹

Es dämmerte schon. Die Nebel brauten auf dem Meer auf und machten den Blick in die Ferne unsicher. Man sah hoch im Luv etwas Weißes auf den Wellen zittern. Es konnte ein Segel, aber auch irgendeine Luftspiegelung sein. In wenigen

Minuten war es ganz und gar verschwunden. Die Mannschaft war in Aufruhr.

Der Ruf ›Ein Segel!‹ war den Matrosen durch Mark und Bein gedrungen. Sie sahen schon den verdammten Vanderdecken sich ihnen nähern und sie in den Abgrund ziehen. Überall steckte man die Köpfe zusammen, überall war ein unheimliches Flüstern: ›Wenn er es ist, haben wir ihn in einer Stunde seitlängs!‹

›Dann setzt er ein Boot aus. Das tut er immer. Und gnade uns Gott, wenn er an Bord kommt! Er bringt Briefe, über deren Bestellung uns der Atem ausgehen kann. Verdammt sei mein Eifer, an Bord dieses heillosen Schiffes zu gehen! Nun muß ich doch in den Rachen dieses Teufels fahren und kann nicht mit meinem Mädchen Hochzeit machen‹.

Auch auf dem Halbdeck herrschte einige Aufregung. Die Offiziere warfen sich bedeutungsvolle Blicke zu. Der Kapitän trat zu ihnen: ›Wollen die Offiziere es den Matrosen nachäffen, die schon alle den Verstand verloren haben und nach einem Gespenst ausschauen, das nirgends als in ihrem Gehirn spukt?‹

›Doch, Kapitän‹, entgegnete der Erste Leutnant, ein alter sturmfester Seemann, ›der Mord hat den Fliegenden Holländer auf das flüchtige Element gebannt, und leicht wittert er Blut. Mag er kommen! Fest und ruhig will ich ihm entgegensehen; denn ich habe ein unbelastetes Gewissen.‹

Der Kapitän biß sich in die Lippen und ging hastig auf und ab. Die Offiziere erwarteten mit kaltem Gleichmut den Zornesausbruch ihres Gebieters.

›Ein Segel, ein Segel!‹ schrie es wieder, und derselbe gespenstische weiße Streifen war im Luv am Horizont zu sehen.

›Bootsmann‹, rief der Kapitän überlaut, ›achtet auf die Leute! Der erste, der wieder ruft, ein Segel! soll an den Mast gebunden und gepeitscht werden, bis ihm der Atem ausgeht. Ruhe überall! Für jedes Wort, das aus dem ungewaschenen Maul eines Matrosen geht, ein Dutzend Hiebe mit der Katze!‹

Grabesstille herrschte an Bord des Ostindien-Fahrers. Stumm und scheu schlichen die Leute aneinander vorüber. Düstere Nebel schaukelten sich auf den Wellen. Die Nacht war im Anzuge.

Ein junger Offizier, ein Verwandter des Kapitäns, wagte es endlich, diesen anzureden. Er erhielt ein kurze, beleidigende Antwort. Jener erwiderte lebhaft. Der Wortwechsel wurde heftiger, und außer sich schrie der Kapitän: ›Schlagt den Rebellen in Ketten!‹

Der junge Offizier trat ganz nahe an den Kapitän heran: ›Mich wundert es, daß Ihr das Richteramt nicht stehenden Fußes ausübt und mich nicht dahin schickt, wohin Ihr meinen Oheim und Euer Weib gesandt habt, sollte es auch abermals in momentanem Wahnsinn geschehen!‹ Da wich alles Blut aus dem Gesicht des Kapitäns. Seine Hände ballten sich krampfhaft, und der Schaum trat ihm vor den Mund. Ein Griff nach dem Dolch, ein Stoß, und der junge Mann lag röchelnd am Boden. Ein Schrei des Entsetzens entfuhr den Offizieren, die ihrem sterbenden Kameraden zu Hilfe eilten.

Da schrie auf einmal ein junger Portugiese, der hoch auf der Spille stand, und deutete mit der Hand vor sich hin. Durch die Finsternis wurde die unförmliche Gestalt eines riesenhaften Schiffes sichtbar, das geräuschlos vor dem Bug der GELDERLAND vorüberschwankte.

Es war der Fliegende Holländer!

Mit stillem Grauen starrten die Matrosen die unheilvolle Erscheinung an, die sich langsam fortbewegte und schließlich im Nebel verschwand.

Der Kapitän zog sich in seine Kajüte zurück. Die Offiziere standen zu einem Haufen zusammengedrängt und berieten angelegentlich miteinander, während einige unerschrockene Toppmänner unter Anleitung des Bootsmanns die Leiche des jungen Mannes unter Deck trugen. Die Leute rannten in großer Unordnung durcheinander. Keine Ermahnung, kein Befehl der Backoffiziere vermochte sie zur Ruhe zu verweisen. Sie verweigerten den Gehorsam und schickten sich an, Gewalt mit Gewalt zu vertreiben. So ging die Nacht vorüber, und der anbrechende Morgen fand den Aufruhr in vollem Gang. Als aber der erste Strahl des Tages über das Verdeck dahinflog, entwich der Zorn von den erbleichenden Gesichtern; denn das gespenstische Schiff des entsetzlichen Vanderdecken dehnte sich vor ihnen auf den Wogen, und seine Schaluppe stieß von Bord. Entsetzt sahen Offiziere und Matrosen diesem Schauspiel regungslos zu. Nur der Kapitän blickte trotzig um sich. Auf seinem Gesicht zeichnete sich keine Furcht ab. Der Seemann, der sich darin befand, stieg das Verdeck hinan, ging gerade auf den Kapitän zu, der sich an die Spitze seiner Offiziere gestellt hatte, und fragte mit hohler Grabesstimme: ›Wer seid Ihr, und woher kommt Ihr?‹

›Wir kommen von Amsterdam. Dies ist das Schiff GELDERLAND, und ich bin Claas van Belem, sein Befehlshaber.‹

›Claas van Belem, Ihr wollt so gut sein, diese Briefe, die Euch mein Kapitän, Mynheer Vanderdecken, sendet, mit nach Holland zu nehmen und sie gewissenhaft zu besorgen.‹

›Was fällt Euch ein? Wann soll ich diese Briefe besorgen? Jetzt segle ich nach Batavia, und erst in sieben Jahren werde ich nach Amsterdam zurückkehren.‹

›Eine kurze Frist! Ihr kehrt immer noch früher zurück als wir; denn wir kreuzen hier in der Tafelbay und finden nimmer das Ende. Nehmt die Briefe!‹

Der Ton des gespenstischen Seemanns war so dringend, so mitleiderregend und furchtbar zugleich, der Blick, den er auf den Kapitän warf, verwirrte diesen so sehr, daß er die Hand ausstreckte und zum großen Entsetzen aller die Briefe annahm.

In diesem Augenblick hob sich eine hohe Gestalt über die Galerie des Gespensterschiffes empor. Sie breitete die Arme wie zum Gruß aus, brachte dann das Sprachrohr an den Mund und rief über das Meer hin: ›Grüßt die Heimat!‹

Gleich darauf war die Gestalt wieder verschwunden.

›Das ist Vanderdecken!‹ sprach der gespenstische Seemann; ›er spendet nur demjenigen einen Gruß, den er dieser Ehre besonders wert hält.‹

Als er das gesagt hatte, war er vom Verdeck und seine Schaluppe vom Fallreep verschwunden. Das Gespensterschiff aber schien vor den Augen der ganzen Mannschaft in den Abgrund zu sinken.

Der Kapitän hielt noch immer die Briefe vor sich hin und las: ›An den ehrenwerten Kaufmann Mynheer Berend van den Stagen, wohnhaft Stubenhuik 3.‹

Der Erste Leutnant unterbrach ihn: ›Berend van den Stagen ist bereits verschollen, und Stubenhuik ist seit länger als hundert Jahren niedergerissen. Ihr seht, der Fliegende Holländer ist nun doch bei uns an Bord gewesen, und wir sind verloren!‹

Das Ende vieler Schiffe

Der ausbrechende Sturm verschlang seine Worte und brachte die Tafelbay in solche Aufregung, daß das Schiff innerhalb weniger Minuten in äußerste Gefahr geriet. Schwere Gewitterwolken senkten sich immer tiefer auf das Schiff herab und umleuchteten es mit ihren Blitzen. Der Notschrei der Mannschaft verhallte ungestört im Brausen des Sturmes.

Das Schiff GELDERLAND ist nie in Batavia angekommen.«

So wie Heinrich Smidt diese unheimliche Begegnung und das Leben an Bord beschreibt, konnte nur ein Seemann formulieren. Insofern erscheint der Textauszug auch als ein Stück maritimer Zeitgeschichte und Sprache. Damit aber wurde das, was spannend und sachkundig geschrieben war, auch von Seeleuten gern gelesen. Das sollte nicht ohne Auswirkungen auf die Sage vom Fliegenden Holländer bleiben.

Bücher in den Seekisten

Ab Mitte des 19. Jahrhunderts griffen die Seeleute mehr und mehr zu den Büchern. In den Seesäcken der Jungen befanden sich neben der Bibel mitunter auch Heinrich Smidts Roman »Der ewige Segler« und vor allem der des englischen Kapitäns Frederick Marryat »The Phantom Ship«. Der 1839 erschienene Roman wurde bald weltweit gelesen, und er hatte einen großen Einfluss auf die Ausbreitung der Sage vom Fliegenden Holländer. In kürzester Zeit war Marryats Roman in mehrere Sprachen übersetzt worden. Carl Kolb übertrug ihn 1844 auch ins Deutsche. Damit wurde das Buch vor allem unter den nicht so begüterten Schichten des Volkes verbreitet, doch auch unter den Seeleuten bzw. auch von denen, die von der vermeintlichen Romantik der Seefahrt angelockt wurden.

In Marryats Roman »The Phantom Ship« trägt der Fliegende Holländer ebenfalls den Namen Van der Dekken. Nach achtzehn Wochen Kampf gegen den Sturm am Kap der Guten Hoffnung stößt dieser den verhängnisvollen Fluch aus, missachtet das Verlangen der Besatzung, zur Tafelbay zurückzukehren. Er wirft sogar seinen Steuermann über Bord. Darauf verkündigt der Himmel ihm in »blauen Flammen«, dass er nun bis zum jüngsten Tag segeln müsse.

Kapitän Marryat schreckt die furchtsamen Leser mit einem wahren Feuerwerk gruseliger Holländerszenen. Das Schiff erscheint bei Nacht am Kap der Guten Hoffnung. Trotz Windstille zeigt es geblähte Segel. In Nebel gehüllt, urplötzlich verschwindend, durchsegelt es wenig später wie körperlos einen Segler, lockt einen anderen auf die Klippen von Kap Hoorn, übergibt Briefe, die längst unzustellbar sind, weil die Empfänger verstorben sind, taucht mit den Mastspitzen zuerst aus den Fluten auf und bringt in jedem Falle dem Unglück, der seiner ansichtig wird: Schiffbruch und Feuer an Bord.

Ein Textauszug soll unterstreichen, wie emotionsgeladen Marryat die Holländersage zu Literatur werden ließ: »Jedermann schaute in die angedeutete Richtung, um zu sehen, was zu solchen Ausrufen Anlaß gab. Etwa zwei Kabellängen entfernt tauchten langsam die Mastspitzen und Spieren eines Schiffes aus dem Wasser empor. Dann folgten allmählich die Marsstengen und die Marsrahen mit ihren Segeln, und das

Schiff hob sich höher und höher aus dem feuchten Element empor. Allmählich zeigten sich die niedrigeren Masten mit dem Takelwerk, und zuletzt hob sich auch der Rumpf über den Meeresspiegel, man sah die Geschützpforten mit den Kanonen auftauchen, und nun lag ein ganzes Schiff mit rechtwinklig gebrasster Hauptrah in kurzer Entfernung von der Brigg auf dem Wasser.

›Heilige Jungfrau‹ rief der Kapitän atemlos, ›Ich habe wohl schon Schiffe untergehen, aber nie welche heraufkommen sehen. Ich will tausend zwanziglotige Kerzen auf dem Altar der heiligen Jungfrau opfern, wenn sie uns aus dieser Not rettet. Tausend Wachskerzen. Hörst Du mich, gebenedeite Frau, jede zu zwanzig Lot, Signors‹, rief der Kapitän den Reisenden zu, welche starr vor Entsetzen dastanden, ›warum tut Ihr nicht auch ein Gelübde? Gelobt, sage ich, gelobt doch wenigstens.‹

›Das Geisterschiff, der fliegende Holländer‹, kreischte Schriften. ›Ich habe es Euch gesagt, Philipp Van der Decken.‹

Bald nachher ließ sich das Klatschen von Rudern neben den Schiff vernehmen und eine Stimme rief laut: ›He, ihr guten Leute werft ein Tau über das Vorderschiff herunter.‹

Niemand antwortete oder entsprach dieser Aufforderung. Nur Schriften ging auf den Kapitän zu und sagte ihm, wenn die Leute im Boot Briefe übergeben wollten, solle man diese nicht annehmen, da sonst das Schiff zugrunde gehe und alle an Bord umkämen.

Jetzt stieg ein Mann bei der Laufplanke über das Schanzdeck. ›Ihr hättet mir wohl ein Tau zuwerfen können, meine lieben Leute‹, sagte er, als er auf das Deck trat. ›Wo ist der Kapitän?‹

›Hier‹, antwortete der Kapitän, vom Kopf bis zu den Fuß erzitternd. Der Mann, der ihn angeredet hatte, war ein wetterharter Seemann mit einer Pelzmütze und Beinkleidern aus Segeltuch, er hielt einige Briefe in der Hand.

›Was wollt Ihr?‹, rief endlich der Kapitän.

›Nun, die Sache ist so, Kapitän, wir haben sehr schlechtes Wetter gehabt und wünschen Briefe nach Hause zu schicken. Ich glaube, wir werden nie um dieses Kap herumkommen.‹

›Ich kann sie nicht annehmen‹, rief der Kapitän.

›Könnt sie nicht annehmen? Das ist doch sehr sonderbar – aber jedes Schiff weist unsere Briefe zurück. Es ist sehr unfreundlich, Seeleute sollten doch ein Mitgefühl für ihre Kameraden haben, namentlich für diejenigen, die im Unglück sind, weiß Gott, wir möchten unsere Weiber und Familien wieder sehen, und es wurde uns großen Trost gewähren, wenn die Unseren nur von uns hören könnten.‹

›Ich kann Eure Briefe nicht annehmen – die Heiligen mögen uns davor bewahren‹, versetzte der Kapitän.

›Und wir sind schon so lange auf See‹, sagte der Mann und schüttelte den Kopf.

›Wie lange schon?‹ fragte der Kapitän, der nicht wußte, was er sagen sollte.

›Wir können's nicht sagen, unser Kalender ist über Bord geblasen worden, und wir haben unsere Gissung verloren. Wir kennen unsere Breite nie genau, denn wir sind nicht imstande, die Abweichung der Sonne für den richtigen Tag anzugeben.‹ «

Mit Kapitän Marryats Version erfuhr die Sage neue Veränderungen. Zahlreiche seiner Beschreibungen tauchen später in den Erzählungen von Seeleuten wieder auf. Die um 1925 gemachten Aufzeichnungen Richard Wossidlos, dürften dies anschaulich bestätigen.

Offensichtlich jedoch hatte Kapitän Marryat viele seiner eigenen Erlebnisse und die Erzählungen von Seeleuten in sei-

Der Fliegende Holländer übergibt Briefe

nem Buch verarbeitet. Er selbst ging schon als 14-Jähriger 1806 im Hafen von Plymouth an Bord des von Spanien eroberten 38-Kanonen-Schiffs IMPERIEUSE. Bereits 1816, also mit 24 Jahren, war er Kapitän. In den Kriegswirren jener Zeit ließ sich rasch Karriere machen. Aber kurz danach wurde er demobilisiert, da die Kriege einem längeren Frieden weichen mussten. Von da an widmete er sich dem Schreiben.

An dieser Stelle soll Kapitän Marryat seinen Holländer noch einmal sprechen lassen. Der Leser erfährt jetzt das eigentliche Motiv des ewigen Herumirrens: »Neun Wochen lang versuchte ich, am stürmischen Kap gegen die Macht der Winde anzukämpfen, aber ohne Erfolg, und ich fluchte fürchterlich. Neun weitere Wochen führte ich meine Segel gegen die widrigen Winde und Strömungen, ohne jedoch vorwärts zu kommen, und dann brach ich – ach, in schreckliche Gotteslästerungen aus. Noch immer gab ich nicht auf, die Schiffsmannschaft, von den langen Anstrengungen erschöpft, verlangte, daß ich zur Tafelbay zurückkehre, aber ich weigerte mich, ja, ich wurde sogar zum Mörder, unabsichtlich zwar, aber doch zum Mörder.

Der Steuermann widersetzte sich mir und überredete die Leute, mich zu binden. Im Übermaß meiner Wut faßte ich ihn am Kragen und schlug ihn. Er taumelte, und bei einem plötzlichen Schwanken des Schiffs fiel er über Bord, um nicht wieder zum Vorschein zu kommen. Selbst sein schrecklicher Tod zügelte mich nicht, und ich schwor bei der Reliquie des heiligen Kreuzes, die jetzt um deinen Hals hängt, daß ich mein Ziel erreichen wolle, trotz Ungewitter und wilder See, trotz Blitz und Donner, trotz Himmel oder Hölle, und wenn ich mich bis zum Jüngsten Tage abmühen müßte.

Mein Fluch wurde unter Donnerschlägen und in Strömen schwefeligen Feuers aufgezeichnet. Der Orkan tobte auf das Schiff los und die Segel flogen in Fetzen davon. Berge von Wogen wälzten sich über uns hin, und in einer tief niederhängenden Wolke, welche alles in äußerste Finsternis hüllte, standen mit blauen Flammen die Worte geschrieben: Bis zum Jüngsten Tage.«

Recht deutlich ist herauszulesen, dass auch Marryat sich der überlieferten Fabel bediente, die einst mit den Fahrten Bartolomäo Dias und Vasco da Gamas ihren Ursprung hatte.

Das Geisterschiff oder der Fliegende Holländer im Märchen

Auch der Märchendichter Wilhelm Hauff (1802-1827) ließ sich vom Holländer-Thema fesseln. 1824 veröffentlichte das

»Stuttgarter Morgenblatt« einen Beitrag von ihm, der für seine spätere Geschichte vom Gespensterschiff Pate gestanden haben könnte. Auffällig ist, dass Hauff die Handlung der Geschichte nach Südamerika verlegte und spanische Helden in die Handlung einführte.

Der folgende Ausschnitt zeigt, wie sehr auch Wilhelm Hauff Fantasie und dichterische Freiheit benutzt: »Während wir vom Laplatastrom nach Spanien segelten, hörte ich eines Nachts den Ruf: ›Ein Segel!‹

Ich war sogleich auf dem Verdeck, sah aber nichts. Der Matrose, welcher die Wache hatte, sah sehr erschrocken aus und erzählte auf mein freundliches Zureden, er habe, in die Höhe blickend, eine schwarze Fregatte so nahe vorbeisegeln sehen, daß er sogar das Bild am Schnabel des Schiffes, welches ein Totengerippe mit einem Speer vorstellte, habe erkennen können. Auch die Mannschaft habe er gesehen; sie sei dem Gerippe ähnlich gewesen, nur seien die Knochen mit Haut überzogen gewesen. Wie im Antlitz von Leichen hätten die Augen starr und steif im Kopfe gelegen. Diese Phantome handhabten geräuschlos die Segel, welche so dünn gewesen seien, daß man die Sterne des Himmels habe durchscheinen sehen. Spanten und Taue machten nicht das geringste Geräusch; alles war grabesstumm, nur daß zuweilen mit ächzender geisterhafter Stimme das Wort ›Wasser‹ laut wurde [...].«

Später widmete Wilhelm Hauff sich noch einmal diesem Thema und lieferte in der Rahmenerzählung »Die Karawane« unter dem Titel »Das Gespensterschiff« eine völlig neue Version der Geschichte und verlegte die Handlung ungewöhnlicherweise in den arabischen Kulturkreis.

In der Erzählung »Die Karawane« wird Achmet, der älteste der zur Karawane gehörenden Kaufleute, an einem Lagerplatz aufgefordert, ein Erlebnis oder auch ein hübsches Märchen zu erzählen.

Nach einigem Besinnen beginnt Achmet zu erzählen: »Im Hafen von Balsora schifften wir uns mit günstigem Wind ein. Das Schiff, auf dem ich mich eingemietet hatte, war nach Indien bestimmt. Wir waren schon fünfzehn Tage auf der gewöhnlichen Straße gefahren, als uns der Kapitän einen Sturm verkündete. Er machte ein bedenkliches Gesicht; denn es

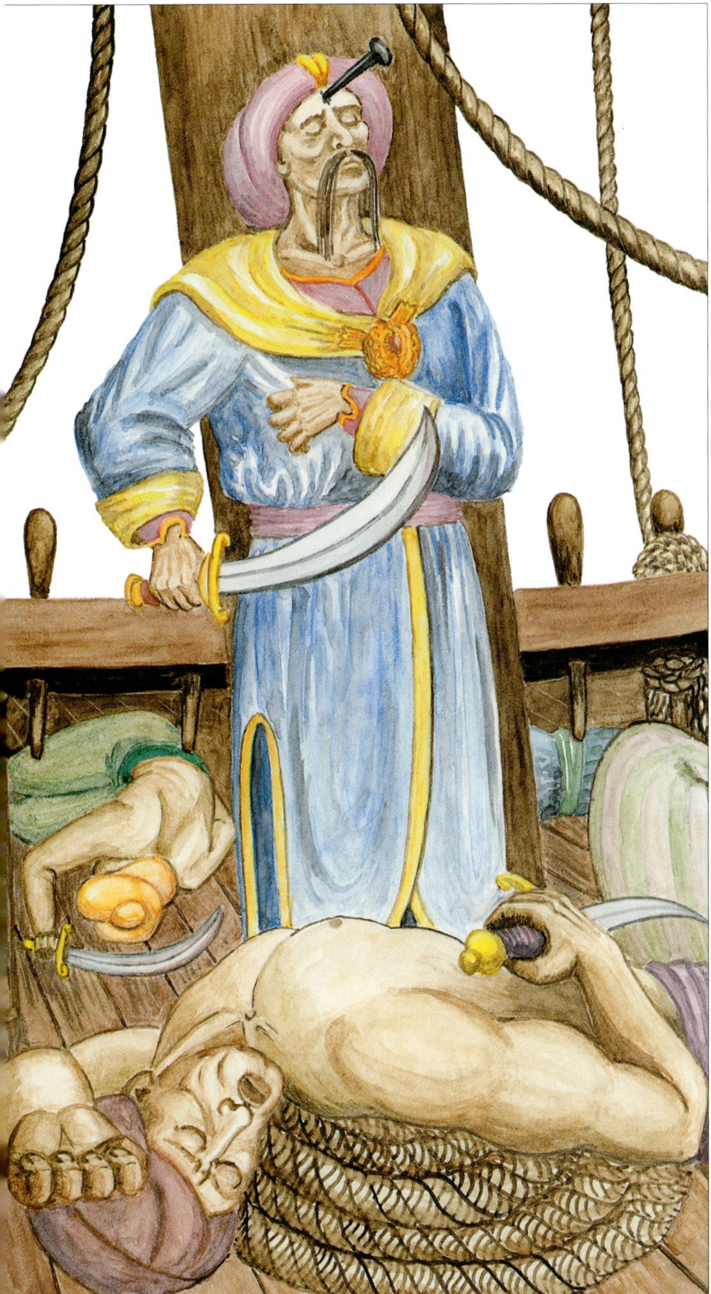

schien, er kenne in dieser Gegend das Fahrwasser nicht genug, um einem Sturm mit Ruhe begegnen zu können. Er ließ alle Segel einziehen, und wir trieben ganz langsam hin. Die Nacht war angebrochen, war hell und kalt, und der Kapitän glaubte schon, sich in den Anzeichen des Sturms getäuscht zu haben. Auf einmal schwebte ein Schiff, das wir vorher nicht gesehen hatten, dicht an dem unsrigen vorbei. Wildes Jauchzen und Geschrei erschollen aus dem Verdeck herüber, worüber ich mich zu dieser angstvollen Stunde vor einem Sturm nicht wenig wunderte. Aber der Kapitän an meiner Seite wurde blaß wie der Tod. ›Mein Schiff ist verloren‹, rief er, ›dort segelt der Tod!‹

Ehe ich ihn noch über diesen sonderbaren Ausruf befragen konnte, stürzten schon heulend und schreiend die Matrosen herein. ›Habt ihr ihn gesehen?‹ schrien sie; ›jetzt ist es mit uns vorbei!‹

Der Kapitän aber ließ Trostsprüche aus dem Koran vorlesen und setzte sich selbst ans Steuerruder. Aber vergebens! Zusehends brauste der Sturm auf, und ehe eine Stunde verging, krachte das Schiff und blieb sitzen. Die Boote wurden ausgesetzt, und kaum hatten sich die letzten Matrosen gerettet, so versank das Schiff vor unsern Augen, und als ein Bettler fuhr ich in die See hinaus.

Aber der Jammer hatte noch kein Ende. Fürchterlicher tobte der Sturm. Das Boot war nicht mehr zu regieren. Ich hatte meinen alten Diener fest umschlungen, und wir versprachen uns, nie voneinander zu weichen. Endlich brach der Tag an. Aber mit dem ersten Anblick der Morgenröte faßte der Wind das Boot, in welchem wir saßen, und stürzte es um. Ich habe keinen meiner Schiffsleute mehr gesehen.

Der Sturz hatte mich betäubt, und als ich aufwachte, befand ich mich in den Armen meines alten treuen Dieners, der sich auf das umgeschlagene Boot gerettet und mich nachgezogen hatte. Der Sturm hatte sich gelegt. Von unserem Schiff war nichts mehr zu sehen, wohl aber entdeckten wir nicht weit von uns ein anderes Schiff, auf das die Wellen uns hintrieben. Als wir näher hinzukamen, erkannte ich das Schiff als dasselbe, das in der Nacht an uns vorbeigefahren war und den Kapitän so sehr in Schrecken gesetzt hatte. Ich empfand ein sonderbares Grauen vor diesem Schiff. Die Äußerung des Kapitäns, die sich so furchtbar bestätigt hatte, das öde Aussehen des Schiffes, auf dem sich, so nahe wir auch herankamen, so laut wir schrien, niemand zeigte, erschreckte mich. Doch es war unser einziges Rettungsmittel; darum priesen wir den Propheten, der uns so wundervoll erhalten hatte.

Am Vorderteil des Schiffs hing ein langes Tau herab. Mit Händen und Füßen ruderten wir darauf zu, um es zu erfassen. Endlich glückte es. Noch einmal erhob ich meine Stimme, aber immer blieb es still auf dem Schiff. Da klimmten wir an dem Tau hinauf, ich als der Jüngste voran. Aber Entsetzen! Welches Schauspiel stellte sich meinem Auge dar, als ich das Verdeck betrat. Der Boden war mit Blut gerötet. Zwanzig bis dreißig Leichname in türkischen Kleidern lagen auf dem Boden. Am mittleren Mastbaum stand ein Mann, reich gekleidet, den Säbel in der Hand. Aber das Gesicht war blaß und verzerrt. Durch die Stirn ging ein großer Nagel, der ihn an den Mastbaum heftete; auch er war tot. Schrecken fesselte meine Schritte; ich wagte kaum zu atmen. Endlich war auch mein Begleiter heraufgekommen. Auch ihn überraschte der Anblick des Verdecks, das gar nichts Lebendiges, sondern nur so viele schreckliche Tote zeigte. Wir wagten es endlich, nachdem wir in der Seelenangst zum Propheten gefleht hatten, weiterzuschreiten. Bei jedem Schritt sahen wir uns um, ob nicht etwas Neues, noch Schrecklicheres sich darbiete. Doch alles blieb, wie es war; weit und breit nichts Lebendiges als wir und das Weltmeer. Nicht einmal laut zu sprechen wagten wir aus Furcht, der tote, am Mast angespießte Kapitano möchte seine starren Augen nach uns hindrehen oder einer der Getöteten möchte seinen Kopf umwenden. Endlich waren wir bis an eine Treppe gekommen, die in den Schiffsraum führte. Unwillkürlich machten wir dort halt und sahen einander an; denn keiner wagte es recht, seine Gedanken zu äußern.

›O Herr‹, sprach mein treuer Diener, ›hier ist etwas Schreckliches geschehen. Doch wenn auch das Schiff da unten voll Mörder steckt, so will ich mich ihnen doch lieber auf Gnade und Ungnade ergeben, als längere Zeit unter diesen Toten zubringen.‹

Ich dachte wie er; wir faßten ein Herz und stiegen voll Erwartung hinunter. Totenstille war auch hier, und nur unsere Schritte hallten auf der Treppe. Wir standen an der Tür der

Kajüte. Ich legte mein Ohr an die Tür und lauschte; es war nichts zu hören. Ich machte auf. Das Gemach bot einen unordentlichen Anblick dar. Kleider, Waffen und anderes Gerät lagen untereinander. Nichts in Ordnung. Die Mannschaft oder wenigstens der Kapitano mußte kurz vorher gezecht haben; denn es lag alles noch umher.

Wir gingen weiter von Raum zu Raum, von Gemach zu Gemach; überall fanden wir herrliche Vorräte in Seide, Perlen, Zucker usw. Ich war vor Freude über diesen Anblick außer mir; denn da niemand auf dem Schiff war, glaubte ich alles mir zueignen zu dürfen; Ibrahim aber machte mich aufmerksam darauf, daß wir wahrscheinlich noch sehr weit vom Lande seien, wohin wir allein und ohne menschliche Hilfe nicht kommen könnten. Wir labten uns an den Speisen und Getränken, die wir in reichlichem Maße vorfanden, und stiegen endlich wieder aufs Verdeck. Aber hier schauderte uns immer die Haut ob dem schrecklichen Anblick der Leichen. Wir beschlossen, uns davon zu befreien und sie über Bord zu werfen; aber wie schauerlich wurde uns zumute, als wir fanden, daß sich keiner aus seiner Lage bewegen ließ. Wie festgebannt lagen sie am Boden, und man hätte den Boden des Verdecks ausheben müssen, um sie zu entfernen, und dazu gebrach es uns an Werkzeugen. Auch der Kapitano ließ sich nicht von seinem Mast losmachen; nicht einmal seinen Säbel konnten wir der starren Hand entwinden.

Wir brachten den Tag in trauriger Betrachtung unserer Lage zu, und als es Nacht zu werden anfing, erlaubte ich dem alten Ibrahim, sich schlafen zu legen; ich selbst wollte auf dem Verdeck wachen, um nach Rettung auszuspähen. Als aber der Mond heraufkam und ich nach den Gestirnen berechnete, daß es wohl um die elfte Stunde sei, überfiel mich ein so unwiderstehlicher Schlaf, daß ich unwillkürlich hinter ein Faß, das auf dem Verdeck stand, zurückfiel. Doch war es mehr Betäubung als Schlaf; denn ich hörte deutlich die See an der Seite des Schiffs anschlagen und die Segel im Wind knarren und pfeifen. Auf einmal glaubte ich Stimmen und Männertritte auf dem Verdeck zu hören. Ich wollte mich aufrichten, um danach zu schauen. Doch eine unsichtbare Gewalt hielt meine Glieder gefesselt; nicht einmal die Augen konnte ich aufschlagen. Aber immer deutlicher wurden die Stimmen; es war mir, als wenn ein fröhliches Schiffsvolk auf dem Verdeck sich umhertriebe. Mitunter glaubte ich die kräftige Stimme eines Befehlenden zu hören; auch hörte ich Taue und Segel deutlich auf- und abziehen.

Nach und nach aber schwanden mir die Sinne. Ich verfiel in einen tieferen Schlaf, in dem ich nur noch ein Geräusch von Waffen zu hören glaubte, und erwachte erst, als die Sonne schon hoch stand und mir aufs Gesicht brannte. Verwundert schaute ich mich um. Sturm, Schiff, die Toten und was ich in dieser Nacht gehört hatte, kam mir wie ein Traum vor; aber als ich aufblickte, fand ich alles wie gestern. Unbeweglich lagen die Toten, unbeweglich war der Kapitano an den Mastbaum geheftet. Ich lachte über meinen Traum und stand auf, um meinen Alten zu suchen.

Dieser saß ganz nachdenklich in der Kajüte. ›O Herr‹, rief er aus, als ich zu ihm hereintrat, ich wollte lieber im tiefsten Grund des Meeres liegen als in diesem verhexten Schiff noch eine Nacht zuzubringen!‹

Ich fragte ihn nach der Ursache seines Kummers, und er antwortete mir: ›Als ich einige Stunden geschlafen hatte, wachte ich auf und vernahm, wie man über meinem Haupt hin und her lief. Ich dachte zuerst, Ihr wäret es; aber es waren wenigstens zwanzig, die oben umherliefen. Auch hörte ich rufen und schreien. Endlich kamen schwere Tritte die Treppe herab. Da wußte ich nichts mehr von mir. Nur hier und da kehrte auf einige Augenblicke meine Besinnung zurück, und da sah ich denselben Mann, der oben am Mast angenagelt ist, an jenem Tisch dort sitzen, singend und trinkend; aber der, der in einem roten Scharlachkleid nicht weit von ihm am Boden liegt, saß neben ihm und half ihm trinken.‹

Also erzählte mir mein alter Diener [...].

Wir spannten den Tag über nur so viele Segel auf, als nötig waren, das Schiff sanft fortzutreiben, und so legten wir in fünf Tagen eine gute Strecke zurück.

Endlich, am Morgen des sechsten Tages, entdeckten wir in geringer Ferne Land, und wir dankten Allah und seinem Propheten für unsere wunderbare Rettung. Diesen Tag und die nachfolgende Nacht trieben wir an einer Küste hin, und am siebenten Morgen glaubten wir in geringer Entfernung eine Stadt zu entdecken. Wir ließen mit vieler Mühe einen Anker in die See, der alsbald Grund faßte, setzten ein kleines Boot, das auf dem Verdeck stand, aus und ruderten mit aller Macht der Stadt zu. Nach einer halben Stunde liefen wir in einen Fluß ein, der sich in die See ergoß, und stiegen ans Ufer. Im Stadttor erkundigten wir uns, wie die Stadt heiße, und erfuhren, daß es eine indische Stadt sei, nicht weit von der Gegend, wohin ich zuerst schiffen willens war.«

Hauff lässt nun seinen Erzähler einen weisen Muley suchen. Der weiß dann auch tatsächlich Rat, wie der Spuk an Bord zu beenden sei. Man müsse nur die Toten an Land schaffen oder mit Erde bestreuen, erklärte er.

Dann lässt Hauff den Kapitano, als dieser kurzzeitig ins Leben zurückkehrt, das Vorgefallene erklären: »Vor fünfzig Jahren war ich ein mächtiger, angesehener Mann und wohnte in Algier. Die Sucht nach Gewinn trieb mich, ein Schiff auszurüsten und Seeraub zu treiben. Ich hatte dieses Geschäft schon einige Zeit fortgeführt; da nahm ich einmal einen Derwisch an Bord, der umsonst reisen wollte. Ich und meine Gesellen waren rohe Leute und achteten nicht auf die Heiligkeit des Mannes; vielmehr trieb ich mein Gespött mit ihm. Als er aber einst in heiligem Eifer mir meinen sündigen Lebenswandel verwiesen hatte, übermannte mich nachts in meiner Kajüte, als ich mit meinem Steuermann viel getrunken hatte, der Zorn. Wütend über das, was mir ein Derwisch gesagt hatte und was ich mir von keinem Sultan hätte sagen lassen, stürzte ich aufs Verdeck und stieß ihm meinen Dolch in die Brust. Sterbend verwünschte er mich und meine Mannschaft, nicht sterben und nicht leben zu können, bis wir unser Haupt auf die Erde legen. Der Derwisch starb, und wir warfen ihn in die See und verlachten seine Drohungen. Doch noch in derselben Nacht erfüllten sich seine Worte. Ein Teil meiner Mannschaft empörte sich gegen mich. Mit fürchterlicher Wut wurde gestritten, bis meine Anhänger unterlagen und ich an den Mast genagelt wurde. Aber auch die Empörer unterlagen ihren Wunden, und bald war mein Schiff ein großes Grab. Auch mir brachen die Augen; mein Atem hielt an, und ich meinte zu sterben. Es war jedoch nur eine Erstarrung, die mich gefesselt hielt. In der nächsten Nacht, zur nämlichen Stunde, da wir den Derwisch in die See geworfen hatten, erwachten ich und alle meine Genossen. Das Leben war zurückgekehrt; aber wir konnten nichts tun und sprechen, als was wir in jener Nacht gesprochen und getan hatten. So segeln wir seit fünfzig Jahren, können nicht leben und nicht sterben; denn wie konnten wir das Land erreichen? Mit toller Freude segelten wir allemal mit vollen Segeln in den Sturm, weil wir hofften, endlich an einer Klippe zu zerschellen und das müde Haupt auf dem Grund des Meeres zur Ruhe zu legen. Das ist uns nicht gelungen. Jetzt aber werde ich sterben. Noch einmal meinen Dank, unbekannter Retter! Wenn Schätze dich lohnen können, so nimm mein Schiff als Zeichen meiner Dankbarkeit!‹

Der Kapitano ließ sein Haupt sinken, als er so gesprochen hatte, und verschied. Sogleich zerfiel er auch – wie seine Gefährten – in Staub. Wir sammelten diesen in ein Kästchen und begruben ihn am Lande. Aus der Stadt nahm ich aber Arbeiter, die mir mein Schiff in guten Zustand setzten.

Nachdem ich die Waren, die ich an Bord hatte, gegen andere mit großem Gewinn eingetauscht hatte, mietete ich Matrosen, beschenkte meinen Freund Muley reichlich und schiffte mich nach meinem Vaterland ein. Ich machte aber einen Umweg, indem ich an vielen Inseln und Ländern landete und meine Waren zu Markt brachte. Der Prophet segnete mein Unternehmen. Nach einem Dreivierteljahr lief ich, noch einmal so reich, als mich der sterbende Kapitän gemacht hatte, in Balsora ein. Meine Mitbürger waren erstaunt über meine Reichtümer und mein Glück und glaubten nicht anders, als ich hätte das Diamantental des berühmten Reisenden Sindbad gefunden. Ich ließ sie bei ihrem Glauben. Von nun an aber mußten die jungen Leute von Balsora, wenn sie kaum achtzehn Jahre alt waren, in die Welt hinaus, um gleich mir ihr Glück zu machen. Ich aber lebte ruhig und in Frieden, und alle fünf Jahre mache ich eine Reise nach Mekka, um dem Herrn an heiliger Stätte für seinen Segen zu danken und für den Kapitano und seine Leute zu bitten, daß er sie in sein Paradies aufnehme.«

Auch bei Wilhelm Hauff geht es um das Grundmotiv des Fliegenden Holländers: Er muss auf ewig kreuzen, hofft auf eine Erlösung, es geschah eine Bluttat an Bord. Alles andere entsprang seiner Fantasie.

Der Fliegende Holländer segelt ins Feuilleton

Die Aufführungen von Wagners Oper »Der Fliegende Holländer« auf Europas Bühnen waren um 1900 auch vielen Tageszeitungen Anlass genug, das Holländer-Thema auf ihren Feuilletonseiten journalistisch zu verarbeiten. So druckte u. a. die Hamburger »Tägliche Rundschau« 1902 ein Gespräch mit einem alten Seemann von der westjütischen Küste ab, worin es heißt: »Auf die Frage, ob er das ›Gespensterschiff‹ kenne, antwortete der Matrose: ›Wir nennen es das Totenschiff, weil es keine Spur einer Mannschaft zeigt. Bei Nebelwetter, das in diesen Seegebieten so gefährlich ist, verlieren die Segelschiffe leicht ihren Weg. Sie sehen die Leuchttürme der Küste nicht mehr. Die Lage ist schrecklich, man muß fürchten, zu stranden oder eine falsche Richtung einzuschlagen. Dann sehen die armen Seeleute die Silhouette eines anderen Schiffes vor sich, das ruhig seinen Weg zu verfolgen scheint. Sie sind instinktiv versucht, diesem Schatten zu folgen, der sicher in einen Hafen zu fahren scheint. Wehe aber, wenn sie der Versuchung nachgeben. Es ist das Totenschiff, das sie in den Abgrund führen und gegen ein Riff in Norwegen oder England werfen und dann wie Dunst in dem Augenblick verschwinden wird, in dem die Gefahr nicht mehr vermieden werden kann!‹

›Aber hat das Gespensterschiff einen Kapitän? Einen bleichen, schwarzgekleideten Holländer?‹

›Es gibt keinen Holländer als Kapitän. Holländer ist der Name des Schiffes.‹

›Wie das?‹

›Zu allen Zeiten haben die Skandinavier Bauholz für die Deiche und Grundpfähle nach Holland gebracht. Dazu benutzten sie Schiffe von der besonderen bekannten Form. Und diese Schiffe, die nur zum Holzhandel mit Holland dienten, nennen wir Holländer. Der Fliegende Holländer ist also kein Mann, sondern das Gespensterschiff selbst, das über das Meer zu fliegen scheint und verirrte Schiffe mit sich reißt. Wagner hat also eine Verwechslung begangen, wenn er seinen Helden: Den fliegenden Holländer nennt man mich, singen läßt.‹

›Aber hat das Gespensterschiff nicht ein ganz besonders düsteres Aussehen? Blutrot die Segel, schwarz der Mast, singt Senta.‹

Die Seeleute vollbrachten in der Takelage artistische Leistungen

›Alle unsere alten Segelschiffe haben immer geteerte Mäste und rötlich gefärbtes Segelwerk. Gerade weil das Totenschiff einem ehrlichen Schiff ähnelt, ist die Besatzung, die den Weg verloren hat, versucht, ihm zu folgen. Sein Kapitän ist ein verfluchtes Wesen, das Gott gelästert hat. Man weiß weiter nichts von ihm. Manchmal legt er an und sucht eine Frau, die ihm Treue schwört und einwilligt, ihm zu folgen, wodurch sein Fluch beendigt sein soll.

Einmal hat er nicht weit von hier auf einer Insel angelegt, die das Meer seitdem verschlungen hat. Als der Kapitän an Land kam, stieg eine Hochzeitsgesellschaft von Matrosen gerade die Stufen zur Kirche hinan. Der Verfluchte näherte sich und sagte rauh, er wolle allein mit der Braut sprechen. Die Eltern, der Bräutigam und die Freunde wichen erstaunt zurück. Der Kapitän sprach ganz leise mit der Braut, man weiß aber nicht, was er ihr gesagt hat. Aber schließlich sah man betroffen, daß das junge Mädchen dem bleichen Mann freiwillig auf sein ödes Schiff folgte und ohne Lebewohl oder Schmerz ihre Familie und ihren Bräutigam verließ, die an der Schwelle der Kirche warteten.‹

›Und war dies die Erlösung, da diese Frau ihm treu war?‹

Der alte jütländische Matrose sagte nach einer Pause, den Blick auf den Frager heftend, mit seltsamem Ausdruck: ›Nein. Denn ich habe noch zu meiner Zeit das Totenschiff gesehen.‹«

Hier wird deutlich, wie sich am Ende der Segelschiffsära bei einigen Seeleuten persönliches Erleben mit Angelesenem vermischt. Es fällt auf, mit welcher Sicherheit und Überzeugungskraft der jütländische Matrose seine Version vom verwunschenen Holländer vortrug.

In einer anderen Zeitung konnte man lesen: »Der Aberglauben über den Todessegler geht weit zurück. Sein Kapitän ist der holländische Schiffer Vanderdecken, der war ein gottloser Kerl. Einmal versuchte er, im Sturm Kap Hoorn zu umrunden. Die Besatzung war halbtot vor Arbeit, aber er schwor, daß er solange segeln wolle, bis das Ziel erreicht sei. Diejenigen der Mannschaft, die sich weigerten, zu gehorchen, warf er über Bord. Da zeigte sich der Heilige Geist wie ein flammendes Feuer auf dem Schiff, aber der Schiffer schoß mit seiner Pistole auf ihn. Die Kugel traf jedoch nur seine eigene Hand, weshalb er Gott verfluchte und verdammt wurde, bis in ewige Zeiten zu segeln, immer auf Wacht, mit dem Sturm als Getränk und glühendem Eisen als Speise.«

Nun kam auch das berüchtigte Kap Hoorn, das Kapitän Marryat in die Sage eingeführt hatte, mehr und mehr in den Erzählungen vor. Es hatte durch die Zunahme der Salpeter-, Getreide- und Kohlefahrten der Windjammer an Bedeutung gewonnen. Immerhin wird vermutet, dass auf dem

Grunde des Meeres vor dem gefürchteten Sturmkap etwa 800 Schiffswracks liegen. Von den Besatzungen hatte man nie wieder etwas gehört.

Der nordamerikanische Schriftsteller Washington Irving lässt seine Erzählung »The Stormship« 1823 im goldenen Zeitalter Neu-Hollands spielen. Er beschreibt darin, wie die Bevölkerung von Manhattan an einem Sturmtag aufgeschreckt wurde. Ein holländisches Schiff brach plötzlich hinter einer schwarzen Wolke hervor und segelte voll aufgetakelt gegen Wind und Strömung. Die Mannschaft stand, holländisch gekleidet, bewegungslos an Deck und nahm keine Notiz von einem Kanonenschuss, der augenscheinlich mitten durch das Schiff hindurch ging. Man diskutierte diese seltsame Erscheinung, denn sie wurde an den Hudsonufern öfter gesehen, unmittelbar vor einem Sturm, oder nach einem solchen.

1834 erschien von A. von Sternberg die Erzählung »Der fliehende Holländer«, die ausdrücklich als Schiffersage vorgestellt wurde.

Bevor der niederländische Kapitän Holofernes, dessen Glück man den Künsten des Teufels zuschreibt, auf die letzte Reise geht und im Sturm fluchend einen heiligen Kelch ins Meer schleudert, erzählen sich seine Matrosen Geschichten vom Totenschiff, jenem Schiff, das auch ihnen später begegnet und nach den Freveltaten des Kapitäns die Ursache ihres Untergangs wird: »›Hat einer von euch‹, sagte Martin, ›wohl etwas gehört vom fliehenden Holländer?‹

›Freilich‹, entgegneten zwei alte Schiffer und bekreuzten ihre Brust; ›das ist ja das alte Gespenst, welches tausend Jahre schon herumfährt auf allen Meeren; wir nennen ihn auch den mageren Kapitän, weil an dem ganzen Kerl nicht viel mehr sein soll, als nackter Schädel und ein paar dünne Arme und Beine.‹

›Wer aber hat ihn gesehen?‹

›Ich‹, rief Martin, ›ich habe den fliehenden Holländer erschaut, liebe Kameraden; sowohl ihn als auch sein Schiff. Es ist keine Fabel, kein Märchen, und ich würde von jener gräßlichen Nacht, die mein Haar plötzlich grau färbte, gar nicht zu sprechen wagen, wären wir nicht auf festem Boden und sondern aller Gefahr.

So erfahrt denn, daß ich vor ungefähr zwanzig Jahren eine Fahrt machte von den shetländischen Inseln aus unter einem Kapitän, der ein Irländer und der gottloseste Mensch war, den ich jemals kennen gelernt; er glaubte weder an Gott noch an die Heiligen, und hatte schon Schandtaten ausgeübt, vor denen eine christliche Seele im Innersten schaudert. In einer Nacht, wo es toller als jemals auf dem Schiffe herging – die See lag im trüben Nebel schwarz und dunkel da – waren wir alle auf dem Verdeck versammelt, und so wie jetzt, sprach einer von uns vom fliehenden Holländer. Der Kapitän hörte aufmerksam zu, dann erhob er sich und in seinem trunkenen Mute, wie er war, rief er in die See hinaus, das Gespenst solle erscheinen, er fordere es zum Kampfe heraus. Die Gesellen lachten, mir aber war nicht erbaulich zu Mut. Wie das Geschrei und Rufen eben am ärgsten war, da – ach, liebe Freunde, mir schaudert noch – da wurde es auf einmal totenstill um uns her, alle sahen sich betroffen an, keiner wußte, was es bedeutete; endlich blieb allen der Blick wie erstarrt rückwärts gerichtet: da zog durch die Flut, leise, ohne das mindeste Geräusch, ein großes, ein ungeheures Schiff auf uns zu, das – ein fürchterlicher Anblick – von unten bis oben zur Spitze des großen Mastes ganz weiß durch die Nacht schimmerte. Kein Laut regte sich, indes das Totenschiff immer näher kam. Endlich fiel die ganze Mannschaft auf die Knie und rief mit ungeheurem Geschrei die Hülfe Gottes und der Heiligen an. Was geschah? Ein fürchterlicher Stoß erschütterte unser Schiff, wir stürzten nieder, und als wir wieder aufblickten, war das Gespenst verschwunden, der Kapitän aber mit, und nie haben wir wieder etwas von ihm erfahren.‹

›Man sagt‹, nahm ein anderer Zuhörer das Wort, ›daß der magere Kapitän manchmal Böte aussetze, in denen sich Leute befinden von ganz sonderbarem Ansehen und wunderlicher Tracht, und diese sollen dann allerlei Briefe abgeben wollen, an Personen gerichtet, die vor undenklichen Jahren schon gestorben sind.‹

›Das kann sein‹, rief Martin; ›ich erzähle nur, was ich mit eigenen Augen gesehen.‹

Eine Stille trat ein, dann sagte ein junger Matrose: ›Mein Großvater hat mir auch von dem Gespenst erzählt, der aber meinte, es sei dahinter niemand anders verborgen, als der, vor dem Gott unsere Seelen bewahre; auf dem Zauberschiffe seien jedoch alle Unglücklichen versammelt, die sich ihm ergeben haben und die er nun viele Jahrhunderte lang mit sich herumführe, um sie dann, wenn ihre Zahl voll sei, allesamt in die ewige Verdammnis zu stoßen. Der alte Mann sagte noch ferner, daß der Böse nur den Schiffen erscheine, deren Kapitän oder Steuermann mit ihm einen Pakt geschlossen; dann segle oft mehrere Nächte lang das tote Schiff dem ändern nach; gleichwohl könne der Kapitän sich und die Mannschaft aus den Klauen des Feindes retten, wenn er nur streng darauf halte, daß, während das Gespenst hinterher ist, kein Fluch, auch nicht der leiseste, ausgestoßen werde auf dem ganzen Schiffe; so wie aber dergleichen geschieht, sind Schiff und Mann verloren und in der Gewalt des Bösen auf immerdar.‹

›Sehr wunderbar!‹ rief Martin. ›Dieser Umstand ist mir doch noch nicht bekannt gewesen, allein es mag damit wohl seine Richtigkeit haben.‹

Der alte Schiffer nahm wieder das Wort und sagte: ›Andere erzählen, der fliehende Holländer sei bei seinen Lebzeiten ein Schiffshauptmann gewesen und habe vor langen Jahren sein Wesen getrieben auf dem Meere. Unter allen Gräueltaten, die er begangen, ist aber eine so unerhörte Freveltat, daß er zur Abbüßung derselben nun bis an den Jüngsten Tag in die Irre fahren muß.‹

›Und was ist dies für eine Tat?‹ fragten Martin und noch einige andere.

›Er soll‹, entgegnete der Erzähler, ›zur Zeit eines ungeheuren Sturmes und da ihn kein Mittel mehr vom Tode hatte retten wollen, die heilige Hostie genommen und in's Meer geschleudert haben.‹«

Auch hier vermischen sich realistische Erlebnisse auf See, überlieferte Seefahrergruselgeschichten mit aus der Literatur übernommenen Aussagen über den Fliegenden Holländer. Unbemerkt von allen war auch das Sujet an sich, von den Portugiesen auf die Holländer übertragen worden.

Das musste Ursachen haben. Deshalb wollen wir nach weiteren realistischen Hintergründen für die Sage vom Fliegenden Holländer Ausschau halten und die Holländer selbst ins Blickfeld rücken.

SECHSTES KAPITEL

Die Fuhrleute Europas

Ganz sicher hat die Ausschmückung der Sage vom Fliegenden Holländer mit der Schifffahrt Hollands und mit der Entwicklung dieser kleinen Nation zu einer europäischen Seemacht zu tun.

Die historischen Vorgänge, die sich Ausgang des 16. Jahrhunderts in den niederländischen Provinzen vollzogen, hatten bemerkenswerte Auswirkungen auf Schiffbau, Schifffahrt und Seehandel. Die Niederlande wurden in kurzer Zeit zur führenden Handelsmacht der Erde und verfügten auch bald über ein ansehnliches Kolonialreich.

Schon als Vasallen Spaniens hatten holländische Kapitäne mit ihren wendigen Schiffen die begehrten orientalischen Waren in Lissabon und anderen spanischen Häfen abgeholt, um sie in den Häfen des nördlichen Europas zu verteilen. Diese Handelswege wurden allerdings durch den Unabhängigkeitskrieg einige Jahre unterbrochen. Als dann bekannt wurde, dass der britische Kaperkapitän Francis Drake 1580 nach dreijähriger Reise von den Molukken, schwer mit orientalischen Schätzen beladen, zurückgekehrt war, liefen erstmalig auch holländische Segler nach Ostindien aus.

Am 14. August 1597 kehrte die um die Kaproute nach dem Indonesischen Archipel gesandte Expedition von Cornelis de Houtman umjubelt zurück. De Houtman war im April 1595 mit den Schiffen MAURITIUS, HOLLANDIA, AMSTERDAM und DUYFKEN ausgelaufen. Der erste Reisebericht über die Fahrt erschien schon 1597 in Middelburg bei Barent Langenes.

Nach einer viermonatigen Reise erreichten die Schiffe unter de Houtmans Kommando Anfang August 1595 das Kap der Guten Hoffnung. Fast ein Jahrhundert, nachdem Vasco da Gama das Kap umsegelt hatte, wurde es zum ersten Male durch niederländische Schiffe erkundet.

Durch die lange Fahrt auf hoher See bei schlechter einseitiger Nahrung war in der Flottille Skorbut ausgebrochen. Obwohl es der Expedition gelungen war, am Kap der Guten

Hoffnung den Vorrat an Wasser und Lebensmitteln aufzufüllen, brach sie, als man sich wieder auf See befand, erneut aus. Deshalb war Houtmans gezwungen, die Südküste von Madagaskar anzulaufen. Auf einer kleinen Insel wurden die Toten begraben, so dass man ihr den Namen »het Hollandsche Kerkhof« (holländischer Friedhof) gab. Cornelis de Houtman hatte damit seit seiner Abfahrt 70 Männer verloren.

Am 12. Februar 1596 wurde von Madagaskar aus endlich mit der Durchquerung des Indischen Ozeans begonnen. Kommandeur de Houtman machte anfangs mit seinen vier Schiffen gute Fortschritte, hatte aber später mit so vielen Gegenströmungen und südöstlichen Winden zu kämpfen, dass er erst nach ungefähr vier Monaten die Sundastraße erreichte. Während ihres Aufenthalts in diesem wichtigen Einfallstor zum indonesischen Archipel nahmen die Niederländer Verhandlungen mit einem eingeborenen Fürsten auf.

Ende Juni 1596 ließ de Houtmans Flottille die Anker vor der Reede von Bantam fallen. Nach fünfzehn Monaten Fahrt hatte man endlich diesen wichtigen Hafen an der Nordwestküste von Java erreicht und damit auch das eigentliche Ziel der Expedition. Bantam war zu diesem Zeitpunkt die mächtigste und blühendste Handelsstadt auf Java. Es war der Stapelplatz von Exportprodukten aus dem ganzen Archipel. Die Niederländer verbrachten hier vier Monate. Während dieses Aufenthalts wurde, trotz einiger Störungsversuche der hier bereits ansässigen Portugiesen, ein erster Handelsvertrag mit dem Fürsten von Bantam abgeschlossen.

Das Verhältnis zwischen Holländern und Javanern war jedoch nicht immer freundschaftlich. Vor allem infolge von Intrigen der Portugiesen, die in der Ankunft der holländischen Flotte eine Bedrohung der portugiesischen Monopolstellung im Gewürzhandel sahen.

Auch wegen seines rüden Auftretens wurde Cornelis de Houtman während eines Besuchs beim Fürsten von Bantam mit einigen Getreuen gefangen genommen. Erst nach einem Bombardement von Bantam durch die holländische Flottille und der Zahlung eines Lösegeldes wurde er wieder freigelassen.

Nach den in Bantam erlebten Abenteuern segelte Cornelis de Houtman mit seinem Geschwader entlang der Nordküste

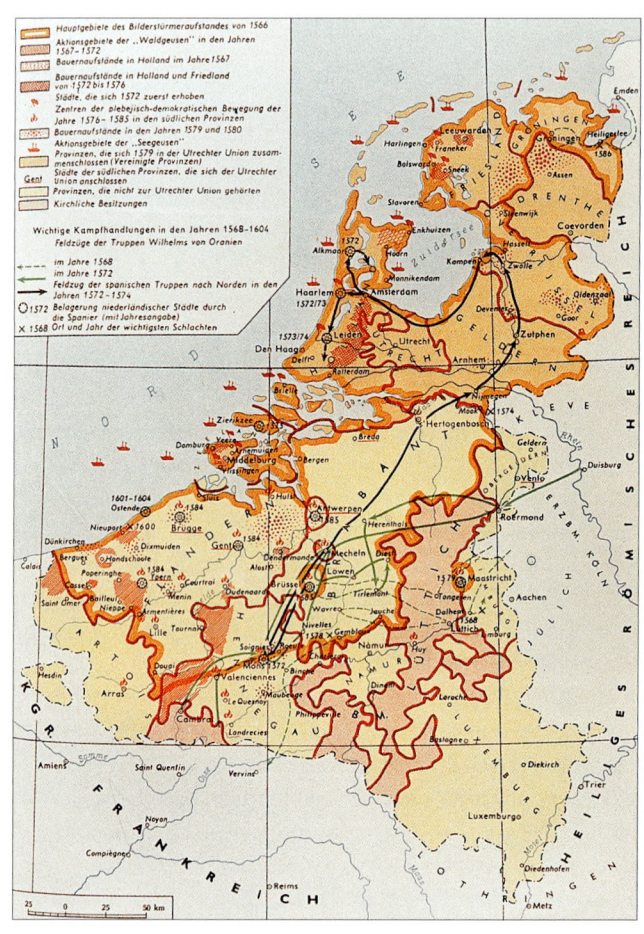

Karte der niederländischen Provinzen während des Freiheitskampfes gegen Spanien

von Java ostwärts. Nach einem kurzen Besuch in Jakarta, wo später die holländische Metropole im Fernen Osten, Batavia, entstehen sollte, wurde die Reise bis Madura fortgesetzt. Hier weigerte sich die Besatzung, nach den Molukken weiter zu segeln, und forderte, die Heimreise anzutreten. Notgedrungen stimmte de Houtman zu. Man zählte nur mehr 94 Mann. Deshalb wurde die Ladung der AMSTERDAM auf die anderen Schiffe verteilt und das bereits leckgeschlagene Fahrzeug verbrannt.

DIE STAT BANTAM, SAMPT IHRER GELEGENHEIT.

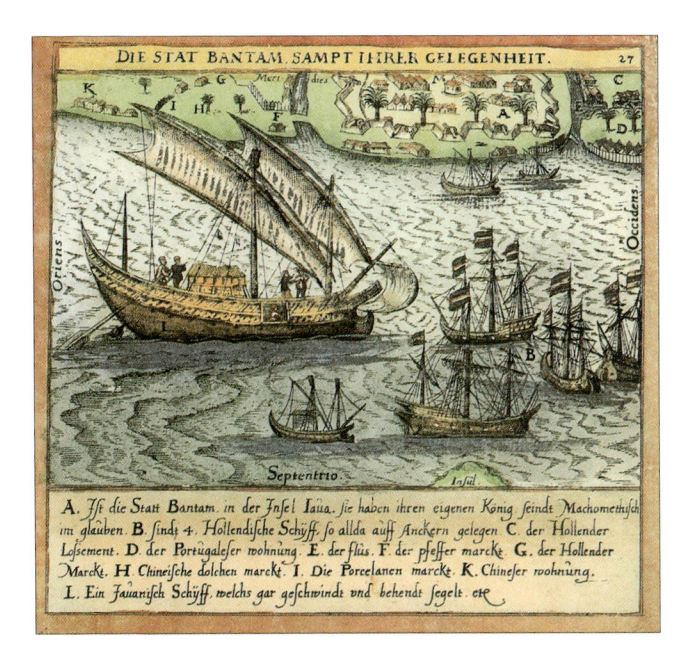

A. Ist die Statt Bantam, in der Insel Iaua, sie haben ihren eigenen König seindt Machometisch im glauben. B. sindt 4. Hollendische Schyff, so allda auff Anckern gelegen C. der Hollender Losement. D. der Portugaleser wohnung. E. der Fluss. F. der pfeffer marckt. G. der Hollender Marckt. H. Chinesische dolchen marckt. I. Die Porcelanen marckt. K. Chineser wohnung. L. Ein Jauanisch Schyff, welchs gar geschwindt vnd behendt segelt. etc

Houtmans Ankunft in Bantam

SCHARMUTSEL, DER STAT BANTAM, MIT DEN HOLLENDERN.

Den 5.6. vnd 7. Septemb: 1596 Geschach ein Scharmützel, wegen das die von der Statt, 9 fürneme Hollender vnd 6000. oder 7000 gülten wahren auffschalten A. Ist die Statt, so nach den schiffen schiest aber keinen schaden thut. B. die Hollendische Schyff, so mir schiessen grossen schaden in der Statt thun. C. drey Jauanische Schyff mit vischen vnd gewürtz geladen, so die Hollender genomen. D. noch ein Jauanisches Schyff mit gewürtz geladen, so dauon segelt. E. der Hollender Pinas oder Jacht Schyff, so dem schyff D. nach streiffet. F.G. 24 Vasten, mit Jauaner so die Pinas mit ihrem eigenen schaden angriffen H. ein Schyff voll gewürtz, das die Portugaleser verbrandt haben etc.

Bombardement von Bantam 1596

Holland erreichte man Mitte August 1597. Die Schiffe waren 29 Monate unterwegs gewesen. Houtman hatte 160 Mann und eines seiner vier Schiffe verloren.

Wenn auch die Amsterdamer Reeder mit den Handelsresultaten nicht sehr zufrieden sein konnten, so hatte die erste holländische Reise nach Ostindien doch sehr nützliche Erfahrungen für zukünftige Unternehmungen geliefert. Ihr wichtigstes Ziel war erreicht und die Kaproute erkundet.

Nun lag der Indische Ozean dem niederländischen Unternehmergeist offen.

Ob womöglich Houtmans mit seinem Verhalten nachdrücklich zum negativen Image grausamer holländischer Kapitäne beigetragen hatte?

Die Holländische Ostindische Kompanie

Vom Erfolg der Reise Houtmans beflügelt, wurde 1602, zwei Jahre nach Gründung der englischen Ostindischen Compagnie in London, die Holländische Ostindische Kompanie gegründet. Die Stadt Amsterdam zählte zu dieser Zeit 100 000 Einwohner und wurde nun schnell zum Hauptumschlagsplatz für indische Waren, für den Getreide-, Holz-, Pelz- und Fischhandel.

Die Holländer beherrschten den Orienthandel über Venedig und Spanien, den gesamten Ostseehandel, die Fischerei sowie das Kredit- und Finanzwesen. An der Antwerpner Börse kamen täglich tausende von Kaufleuten zusammen. Der Schiffbau blühte auf. Holländische Schiffe beförderten den größten Teil der Weltfrachten.

In der Mitte des 17. Jahrhunderts befuhren mehr niederländische Schiffe die Meere, als die übrigen europäische Länder zusammen unter Segel hatten. Zeitweilig waren das 15 000 bis 16 000 Schiffe, und etwa 168 000 Menschen sollen in der Schifffahrt beschäftigt gewesen sein. Die Holländer galten als die Fuhrleute Europas und weltbesten Schiffbauer. Das zusammenströmende riesige Kapital wurde von der 1609 gegründeten Amsterdamer Nationalbank verwaltet.

Mit diesem Aufschwung wurden die Niederlande zur kapitalistischen Musternation des 17. Jahrhunderts, wie Karl

Marx sie charakterisierte. Die Wissenschaft und die Künste entwickelten sich gleichermaßen auf großartige Weise. Auf See jedoch sahen sich Spanien, Portugal und auch England, das aus dem gemeinsam mit den Seegeusen erfochtenen Sieg über die spanische Armada nicht sofort Zins für sich selbst schlagen konnte, von den Holländern arg bedrängt. Das ließ Widersprüche keimen. Ein erbitterter Kampf um Seegeltung begann. So entbrannten zwischen England und Holland drei blutige Seekriege (1652-1672), an deren Ende die holländische Seemacht gebrochen war.

Auch nach Friedensschluss beobachteten die Engländer ihre holländischen Widersacher mit Argwohn und Grimm. Da die Holländer mit ihren schnelleren Handelsseglern der Konkurrenz noch lange Zeit davon segelten, wurden sie schlichtweg als grausam verunglimpft und auch verdächtigt, mit dem Teufel im Bunde zu stehen. Sie galten als die fliegenden Holländer (the flying Dutchman), vor denen sich britische Seeleute tunlichst in acht nehmen sollten, weil sie Tod und Untergang bringen würden.

Houtmans Heimkehr 1599. Gemälde von Hendrik Cornelisz Vroom

Die Tatsache, dass die Holländer-Legende zunächst in England in schriftlicher Form auftauchte, lässt durchaus auf diesen feindseligen Hintergrund schließen.

Der Siegeszug der Fleute

Die Holländer hatten auf Grund ihrer flachen Küstengewässer die Erfahrung gemacht, dass kleinere Schiffe wirtschaftlicher als große Frachtsegler waren. Sie waren im Bau billiger, benötigten kleinere Segel und eine einfachere Takelage. Ihr geringer Tiefgang erlaubte es, ohne weiteres unbekannte Gestade, Lagunen und Flussmündungen in Übersee anzulaufen und Frachten zu übernehmen.

Entscheidend jedoch war auf See ihre Geschwindigkeit, die höher war als die der Schiffe anderer Seenationen. Noch während des Unabhängigkeitskriegs der Niederlande entstand ein neuer Schiffstyp, die Fleute. Es war wohl das berühmteste Schiff des 17. Jahrhunderts. Schiffe dieses Typs waren ausgezeichnete Segler am Wind. Charakteristisch war das schwungvoll hochgezogene Achterdeck, von dem aus der Skipper eine gute Übersicht über das vor ihm liegende Seegebiet hatte. Die Schnelligkeit der Fleute wurde vor allem durch eine bis dahin ungewöhnlich schlanke Bauweise ermöglicht. Das Verhältnis Länge zu Breite betrug 4:1, mitunter auch 6:1. Große Fleuten besaßen am Fockmast drei Rahsegel und zwar Fock, Vormars- und Vorbramsegel und am Großmast Großsegel, Großmarssegel und Großbramsegel.

Während die kleineren Fleuten den Handel im europäischen Raum bestritten, wurde dieser Schiffstyp weiterentwickelt zum so genannten Ostindienfahrer. Diese Schiffe bestritten Jahrzehnte lang den Fernhandel nach Ostasien. Das waren ebenfalls, trotz ihrer Größe schnelle und sehr seetüchtige Segler. Wen wundert es, wenn diese Schiffe bald überall Fliegende Holländer genannt wurden und den traditionellen Seenationen ins Auge stachen?

Und waren nicht auch die Kapitäne der erfolgreichsten Schiffe Personen, denen man mit Anerkennung, aber auch mit Argwohn und Neid gegenüberstand?

Die Holländer waren schneller, billiger, erfolgreicher. Neid und Missgunst konnten da nicht ausbleiben. Auch nicht der Verdacht, dass Teufelswerk im Spiele sei. Aberglaube und Spukgeschichten taten bald das ihrige.

Es bleibt unbestritten, dass die auf Gewinn orientierten holländischen Kapitäne tatsächlich alles andere als zartbesaitete Seelen waren. Wer sich als Kapitän auf See begab, sich gegen Aberglauben, die eigene Angst und Schwäche und mitunter gegen widerspenstige Matrosen behaupten wollte, musste schon ein rauer Klotz sein und seine Mannschaft im Griff haben. Die Kapitäne, die nicht Schiffseigner waren,

Fleuten. Radierung von Wenzel Hollar, 1647

wurden, wie Van der Straaten, Barent Fokke oder Van der Dekken, zu einem hohen Prozentsatz am Gewinn beteiligt, den die Fracht einfuhr.

Die »Vereenigde Ostindische Compagnie« mit Sitz in Amsterdam zahlte nach ihrer Gründung an ihre Aktionäre über 50 Prozent Dividende aus. Schon 1609, also sieben Jahre nach ihrer Gründung, waren es bereits 325 Prozent.

Es durfte wohl keine Frage sein, dass Kapitäne mit derartiger Aussicht auf Gewinn alles unternahmen, um Schiff und Ladung schnell und sicher an sein Ziel zu bringen. Meist hatten sie auch einen Teil des Frachtraums sich selbst vorbehalten und brachten orientalische Kostbarkeiten auf eigene Rechnung nach Hause.

Ist das nicht eine Erklärung dafür, dass sich immer wieder Legenden um unerbittliche, grausame, fluchende Kapitäne bildeten? Dass sie sogar namentlich bekannt waren und als Fliegende Holländer bezeichnet wurden?

Doch als endlich die britische Ostindische Gesellschaft im 18. Jahrhundert den Holländern den Rang abgelaufen hatte, machten es nun auch englische Kapitäne den verhassten Niederländern nach und scheffelten bald unvorstellbare Profite.

Auch ihnen stand ein beträchtlicher Teil des Laderaumes zur Befrachtung auf eigene Rechnung zu. Alle zahlenden Passagiere boten zusätzlich eine private Einnahmequelle des Schiffers. Bei einer Reise in den Orient verdiente ein Kapitän 4000 bis 5000 Pfund Sterling, das waren etwa 150000 Mark. Wer nach fünf Indienreisen nicht seinen Wohnsitz auf einem Landgut nehmen konnte, galt als wenig erfolgreich.

Schließlich brach um 1850 die letzte große Zeit der Segelschiffe an: die Zeit der Klipper, der Schnellsegler. Vorreiter waren die USA, die für den Opiumhandel mit China sehr schnelle Schiffe benötigten. Doch bald wurden sie in England nachgebaut und im Orienthandel, besonders für den schnellen Teetransport, eingesetzt.

Übernahme von fernöstlichen Landesprodukten

Die Klipper A%RIEL und T%EAPING während des legendären Teerennens

Auch hier waren es die verwegenen und brutalen Kapitäne, die sagenhafte Rekorde erzielten. Der englische Klipper E%ARL %OF B%ALEARES versegelte 1863 in nur 79 Tagen von London nach Kalkutta. Die Teeklipper A%RIEL, gebaut 1865 und die T%EAPING gebaut 1863, benötigten in einem Aufsehen erregenden Teerennen von Foutschu (China) nach London nur 100 Tage und kamen fast zeitgleich in der Themsestadt an.

Die Kapitäne der nordamerikanischen Teeklipper, die nicht selten ihre Mannschaften bis zum Umfallen »knüppelten«, galten als unerschrockene, wetterharte Seeleute. Ihr Verdienst belief sich auf die damals gewaltige Summe von jährlich 100 000 Mark. Ein Matrose, verheiratet, kam 1881 etwa auf 45 Mark monatlich.

Hier schließt sich der Kreis. Wir erinnern uns daran was erzählt wurde: »Ein fluchender Kapitän treibt, an den Mast gelehnt, seine Mannschaft an [...]. Sein gellendes Lachen hallte lange noch über das Meer.«

Eine solche Erfahrung hatten viele Matrosen machen müssen. In ihren Erzählungen nahm die fantasiebeladene Gestalt des Fliegenden Holländers bald sehr realistische Züge an.

SIEBENTES KAPITEL

Das Grauen auf See

Die zumeist wenig gebildeten und abergläubischen Seeleute vergangener Zeiten waren Wettererscheinungen und Phänomenen auf See, die sie nicht erklären konnten, gnadenlos ausgeliefert. Luftspiegelungen, Elmsfeuer, schwere Orkane, Strandungen, Feuer an Bord, Krankheiten, Seuchen, nächtliche Überseglungen oder vorbei treibende Wracks waren geistig schwer zu verarbeiten. Sie beflügelten ihre Fantasie und Einbildungskraft.

Das Kap der Guten Hoffnung war besonders gefürchtet. Denn dieses Vorgebirge galt auf dem Seewege nach Indien als eine der gefahrvollsten Abschnitte. Hier drohten dem Seemann Schiffbruch und Tod.

Vornehmlich am Kap der Guten Hoffnung soll der Fliegende Holländer sein Unwesen getrieben haben. Die Angst vor der Kap-Passage hatte gute Gründe. Immerhin ist das gefürchtete Kap im Süden des afrikanischen Kontinents eine Wetterecke, die ihresgleichen sucht.

»Kap der Stürme«, nannten es viele Seeleute auch weiterhin. Die Segelschiffsmatrosen stießen bei der Umschiffung auf so ziemlich alle Unbilden, die das Meer ihnen entgegenbringen konnte: Sturm, hohe Wellenberge, dichter Nebel, widrige Strömungen, Wirbel, Nieselregen, jähe Fallböen. Die eigenartige Gestaltung der Küste tat das ihrige. Steil aus dem Meere erheben sich rötliche Felsmassive des südafrikanischen Hochplateaus. Die höchsten Erhebungen erreichen 2 500 Meter. Der unmittelbar an der Küste liegende auffällige Tafelberg, der aussieht, als sei seine Spitze mit einem riesigen Messer einfach oben abgeschnitten worden, ragt 1087 Meter senkrecht aus dem Meer empor. Viele Tage des Jahres trägt der Berg ein weisses Tafeltuch (table cloth), einen Wolkenstreif, der sich durch den Aufprall kalter feuchter Südostwinde auf das erwärmte Felsmassiv bildet. Dieses »Tafeltuch« mag oftmals als weithin leuchtendes Segel gedeutet worden sein, vielleicht sogar als Segel des Fliegenden Holländers.

Was den Seemann an dieser unfreundlichen Wetterecke erwartete, lässt sich noch heute aus einem Seehandbuch herauslesen. Danach ist hier von Mai bis Oktober Regenzeit, also Winter. Starke stetige Winde und Stürme, die südhemisphärischen Westwinde, die in großer Häufigkeit auftreten, führen zur Ausprägung langer und hoher Wellen von etwa 20 bis 30 Metern Höhe. Sehr oft herrscht dichter Nebel über der See. Die Sicht beträgt dann weniger als 30 Meter. Die Nebelbänke liegen oft zwei bis vier Seemeilen vor der Küste fest. Dann kommt es vor, dass die Brandung schon zu hören, die steil aufragende Küste jedoch noch nicht zu sehen ist. Starke Strömungen versetzen die Schiffe schnell auf- oder ablandig. Vor allem im Winter drückt ein Nordweststrom mit zwei bis drei Knoten in die Tafelbai (Hafen von Kapstadt) hinein und trifft dort auf die Küste. Eine Strömung bei Robben-Island ist mit drei Knoten Geschwindigkeit südwestwärts auf die See hinaus gerichtet. Eine starke kalte südatlantische Meeresströmung, der Benguelastrom, trifft am Kap auf eine aus dem Indischen Ozean nach Süden dringende warme Meeresströmung, die warme Nadelkapströmung. Dadurch bildet sich auch hier Nebel aus. Von Oktober bis April fallen starke Böen, die gefürchteten Southeaster, von den Bergen auf die See und wehen am stärksten am Ende der Houtbai. Diese Fallböen, die aus dem heißen südafrikanischen Hochland kommen, bereiteten schon so manchem Segler ein schlimmes Schicksal.

Natürlich konnten sich die Seefahrer des Mittelalters all diese meteorologischen und geophysikalischen Erscheinungen nicht erklären. Erst durch jahrhundertlange Erfahrungen und Forschungen lernte man schließlich, das Kap der Guten Hoffnung unbeschadet zu umrunden und bestimmte Erscheinungen klug auszunutzen. Doch auf dem Grunde des Meeres vor der felsigen Küste Südafrikas ruhen ungezählte Wracks. Allein in der Tafelbai fanden Taucher mehr als 300 zerborstene Rümpfe von Segelschiffen. Ganze Geschwader, die in der Bucht vor den Stürmen Schutz gesucht hatten, wurden durch Südweststürme und die starke Strömung erbarmungslos auf die Klippen geworfen und zerschellten dort.

So wurden allein 1716 42 in der Tafelbai ankernde holländische Fregatten ohne Aussicht auf Rettung am Strand verwüstet, 1799 waren es 15 vor Anker liegende Segler.

Schiffbruch in der Tafelbay

Ist es da nicht verständlich, dass sich um das Kap der Guten Hoffnung viele Legenden bildeten?

Musste nicht ein erfahrener Kapitän, der es verstand, die vorherrschenden Winde und Strömungen geschickt für sich auszunutzen, für viele anderer Schiffer, die dies nicht vermochten, als mit dem Teufel im Bunde erscheinen?

Für diese war das der Fliegende Holländer, der auf einem schnellen Schiff hohnlachend den weniger erfahrenen Kapitänen enteilte, die zu guter Letzt, wenn sie ihm nacheifern wollten, oftmals Schiffbruch erlitten.

Katastrophen auf dem Meer

Gegen eine Felsenküste geworfen zu werden, war in der Regel tödlich, aber nicht die einzige Gefahr, die den Seemann auf seinem Schiff bedrohte. Gerade in den Nebelbänken am Kap

Meeresströmungen. Braun: warm, schwarz: kalt

der Guten Hoffnung kam es häufig vor, dass zwei Segler zusammenstießen. Nicht selten bedeutete eine derartige Kollision den schnellen Untergang eines oder auch beider Schiffe. Das Seegebiet galt als sehr befahren. Schließlich mussten alle Schiffe, die Ziele in Ostasien ansteuerten, an diesem Kap vorbei. Nachts oder bei Nebel von einem anderen Segelschiff, das lautlos und blitzschnell herankam, übersegelt zu werden, gehörte wohl zu den schrecklichsten Erlebnissen, von denen Überlebende zu erzählen wussten.

Übersegelungen waren aber nicht die einzigen Katastrophen auf See. Der Jahresbericht der See-Assecuranz-Gesellschaft Veritas Paris verzeichnete für das Jahr 1869 insgesamt 2612 verunglückte Schiffe. Darunter schon 159 Dampfer.

Von diesen von unterschiedlichsten Schadensfällen betroffenen Schiffen gingen 1 231 durch Strandung und 400 durch Untergang verloren. 69 Schiffe vernichtete Feuer an Bord. 167 Schiffe mussten ohne jegliche Nachrichten als verschollen abgebucht werden. 214 Schiffe wurden auf See von ihren Besatzungen verlassen, doch eine hohe Zahl von 128 Schiffen kollidierten mit anderen. Sie galten als übersegelt.

In mehreren Ausgaben der Rostocker Regionalzeitung »Mecklenburger Tageblatt« war zu lesen: »Am 24. Mai 1867 lief die mecklenburgische Brigg DIETRICH PENTZIN unter Kapitän Johannsen in Singapore aus. Am 20. Juni stieß sie in der Earimatta-Passage auf einen Felsen und wurde vollständig wrack. Die Mannschaft konnte gerettet werden [...]«. Und weiter konnte man lesen: »Die wismarsche Brigg GROSSHERZOGIN ALEXANDRINE unter Kapitän Heuser, stieß auf der Reise von Schottland nach Danzig in der Nordsee auf ein unter Wasser treibendes Wrack, sprang leck und sank am 18. September 1871. Ein holländischer Schoner hatte die Mannschaft aus den Booten geborgen und in Kopenhagen gelandet [...]«. Oder auch: »In der Nacht vom 29. zum 30. Januar 1873 kam es nahe Kap Lizard zu einem Zusammenstoß. Eine unbekannte Bark hatte die amerikanische Brigantine ALBERT gerammt. Der Kapitän der Brigantine wurde dabei getötet. Am Schiff entstand erheblicher Sachschaden. Die Bark segelte sofort wieder davon, ohne Beistand zu leisten. Ein Name oder ein Erkennungszeichen konnte nicht festgestellt werden [...]«. Und auch: »Am 10.Juni 1875 lief die Rostocker Schonerbrigg F. W. FISCHER unter Kapitän Maasz mit Kollisionsschaden in Liverpool ein. Der nächtliche Verursacher blieb unerkannt.

Von der hiesigen Brigg JUNO, Kapitän Zeplien, welche am 8. Februar 1875 von Dry Harbour Jamaica nach London segelte, ist seitdem nichts wieder gehört [...]«. (Bei Kapitän Zeplien hatte es sich wohl um einen Verwandten jenes Kapitäns gehandelt, der Richard Wagner mit der Thetis zur Flucht aus Riga verholfen hatte. d.V.)

Die deutsche Seeschifffahrt verlor zwischen 1881 und 1891 insgesamt 1 651 Schiffe mit 3 000 Mann. 130 Schiffe verschwanden spurlos. Man vermutete, dass sie infolge zu hohen Alters leckgesprungen oder wegen Überladung, die die Reeder wegen des höheren Verdienstes zugelassen hatten, in Stürmen untergingen.

An der amerikanischen Ostküste verzeichnete die Weltschifffahrt ein merkwürdiges Phänomen. Hier kamen nämlich besonders viele Schiffe zu Schaden. Vor allem am Kap Hatteras strandeten unzählige Segler und mussten von ihren Besatzungen verlassen werden. Sehr oft wurden dann die Wracks mit der nächsten Sturmflut wieder vom Grund gelöst und damit zu treibenden Wracks. Diese wurden dann anfangs vom Labradorstrom nach Süden entführt, bis sie auf den Golfstrom stießen, der sie wieder nach Norden trieb. In der

Nähe der Azoren angelangt, trieben sie entweder im südlichen Arm des Stromes nach Süden und bewegten sich dabei so langsam, dass sie in Monaten nur wenige hundert Seemeilen zurücklegten, oder sie wurden durch den nördlichen Golfstromarm in verhältnismäßig kurzer Zeit über tausende von Seemeilen geführt, um dann meist an der schottischen Küste erneut zu zerschellen.

Das »Mecklenburger Tageblatt« berichtete auch über einen derartigen erschütternden Vorfall: »Über alle Maßen traurig war das Schicksal einer Brigg namens GLENALOON. Ein schwerer Orkan hatte das Schiff entmastet, die Boote zerschlagen, die Deckhäuser zertrümmert, den Proviant ungenießbar gemacht. Als der Schoner LANCASTER im Jahre 1872 das treibende Wrack antraf, war alles Leben auf demselben erstorben. Auf dem Tische lagen ein Gebetbuch, ein geladener Revolver und eine mit einem Zettel versehene Flasche. Allein, keiner hatte zuletzt mehr die Kraft gehabt, die Flaschenpost über Bord zu werfen. Unter den zerstreut umherliegenden Briefen fand man einen adressiert an Dearest Kate, unterzeichnet von Robert C. Hart.«

Wie das Mecklenburger Tageblatt weiter berichtete, »wurden in den Jahren 1892 und 1893 insgesamt 1628 Begegnungen mit treibenden Wracks registriert. Noch 1912 waren es 200. Die US Coast Guard beseitigte 1932, also viele Jahre nach dem Ende des Ersten Weltkrieg, 267 driftende Schiffs-

Das Letzte, was blieb

überreste. Jedes von ihnen hätte zu einer neuen Katastrophe führen können. Tatsächlich konnten von 1893 bis 1896 im Nordatlantik zwölf solcher Seeunfälle nachgewiesen werden. Deshalb setzten die USA, England und Frankreich immer wieder Kriegsschiffe zur Wrackbeseitigung ein. Der britische Kreuzer SIRIUS versenkte das Wrack der Brigg CHAMPION mit Granaten und einem Torpedo.

Der US-Kreuzer SAN FRANCISCO hatte mit einem Torpedo keinen Erfolg und musste zum Rammstoß ansetzen. Am 16. September 1925 wurde die Fünfmastbark FLORA (ex POTOSI) von der Besatzung verlassen, da sich die Kohleladung entzündet hatte. Erst nach über einem Monat wurde das ausgebrannte und treibende Wrack der FLORA am 19. Oktober vom argentinischen Kreuzer PATRIA durch Artilleriesalven versenkt.«

All dies macht deutlich, dass Erlebnisse dieser Art ohne weiteres dazu geeignet waren, die Berichte der Seeleute über Begegnungen mit dem Spukschiff des Fliegenden Holländers auszuschmücken. Wer so ein treibendes Wrack in der Nacht oder in der Dämmerung passieren sah, konnte durchaus in Furcht geraten. So manche dieser missgedeuteten Beobachtungen wurde dann dem Erscheinungsbild des Fliegenden Holländers zugeschrieben.

Der fliegende Holländer von Wismar

Die Schifffahrtsgeschichte der Hansestadt Wismar bietet eine besondere Kuriosität. Ausgegraben hat sie vor Jahren der Schifffahrtshistoriker Rainer Däbritz. Sie beweist, dass es auf See immer wieder Gelegenheiten gab, dem vermeintlichen Spukschiff zu begegnen.

Däbritz schrieb: »Unter den vielen Schiffen, die im Frühjahr 1844 im Hafen von Wismar befrachtet wurden, stach eines besonders hervor. Es war der einzige der Stadt zugehörige Dreimaster, eine Bark. Korrespondenzreeder C. F. Kroeplien hatte die damalige Konjunktur genutzt und 1840 bei dem Wismarer Schiffszimmermeister Johann Christian Mären diese Bark in Auftrag gegeben. Bereits 1841, zu Ehren des Großherzogs auf den Namen FRIEDRICH FRANZ getauft, wurde sie in Dienst gestellt. An technischen Daten ist überliefert: Länge über Steven – 115 Fuß (schwedisch, etwa 35 Meter), Breite über Balkweger – 28 Fuß (schwedisch, etwa 8 Meter), Tiefe – 14,50 Fuß (schwedisch, etwa 4,40 Meter), Tragfähigkeit – 171,5 Wismarsche Lasten (rund 340 t). Die Nummernflagge war W 48. Hauptsächlichstes Fahrtgebiet der Wismarer Handelsflotte war zu dieser Zeit England. Hier ließ sich besonders am Export mecklenburgischen Getreides ein gutes Stück Geld verdienen. So nahm auch in jenem Frühjahr die Bark als erste Fracht Getreide nach London. Von dort aus versegelte sie im Ballast nach dem Kohlehafen Newcastle. Hier bot sich aber statt Kohle eine andere Ladung. FRIEDRICH FRANZ übernahm, in viele Kisten verpackt, die Teile einer Dampfmaschine für eine Maschinenfabrik in Lugansk. Nach Erledigung der Formalitäten lief die Bark zu ihrer ersten Schwarzmeerfahrt aus. Die Reise verlief ohne besondere Ereignisse.

Am Nachmittag des 28. Oktober wurde Taganrog Reede erreicht. Zu dieser Jahreszeit war es an den Ufern des Asowschen Meeres schon empfindlich kühl. Herbststürme pflügten die See und erschwerten die Entladearbeiten.

Doch Schiffer John Cordes hatte es mit dem Löschen der Fracht eilig, denn er wollte hier nicht in's Winterlager gehen. Um so mehr ärgerte sich Cordes, als er feststellen mußte, daß sich durch das Wetter und andere Umstände die Ent- und Beladearbeiten stark verzögerten. So wurde es schließlich November. Am Ufer bildete sich schon das erste Eis.

Gegen Abend des 12. November war der größte Teil der Fracht gelöscht, und etwa 600 Pud Roggen waren übernommen. Am nächsten Tag sollte es endlich wieder in See gehen. Aber das Wetter verhieß nichts Gutes. Es war abzusehen, daß sich die Abreise wieder verzögern würde. Und in der Tat. Bleigrau und wolkenverhangen kündigte sich der neue Morgen an. Eisige Böen fegten über die aufgewühlte Wasserfläche. Das Schiff schlingerte und zerrte heftig an seiner Verankerung. Der Sturm nahm von Stunde zu Stunde an Heftigkeit zu. Außer der FRIEDRICH FRANZ lagen noch fünf andere Schiffe auf Reede. Gegen Mittag riß sich ein kleinerer nahe der Bark liegender Segler vom Anker und trieb gegen die Küste, wo er kurze Zeit später strandete. Nicht lange darauf teilt eine Brigg dessen Schicksal. Sie zerschellte an der Griechischen Bank

Die FRIEDRICH FRANZ lag von allen Schiffen am weitesten von der Küste entfernt. Für sie bestand noch keine unmittelbare Gefahr, zumal der Sturm am Nachmittag etwas abflaute. Schon glaubte man an Bord, dieses Wetter gut überstanden zu haben, doch da drehte der Wind und fiel von Land mit noch größerer Kraft wieder ein. Bald erreichten die Windspitzen Orkanstärke. Selbst der Anker vermochte die Bark nun nicht mehr sicher zu halten. Sie begann zu driften. Schiffer Cordes erkannte, daß sein Schiff unter diesen Umständen nicht mehr lange zu halten war. Bei einer Havarie der Ankerkette würde es sogar unweigerlich verloren gehen. Bevor die Dunkelheit vollständig hereinbrach, ließ er ein Boot aussetzen, um sich mit der Mannschaft gegebenenfalls an Land retten zu können. Noch während des Bootsmanövers brach die Ankerkette. Schnell wurde das Boot besetzt. Die Bark trieb mit starker Schlagseite vor dem Wind ins offene Meer. Als die Besatzung nach großen Anstrengungen, aber ohne Verluste, das rettende Ufer erreicht hatte, war von ihrem Schiff nichts mehr zu sehen.

Am 14. November flaute der Sturm endlich ab, und Schiffer Cordes leitetete über die russische Hafenbehörde in Taganrog die Suche nach dem Segler ein. Die Nachforschungen erstreckten sich bald über alle Küstenorte des Asowschen und des Schwarzen Meeres. Doch die Bark blieb verschwunden.

Mit dem Einbruch des Winters – das Eis schränkte die Schifffahrt immer mehr ein – wurde die Suche eingestellt. Schiffer John Cordes gab das Schiff als im Sturm vermutlich gekentert und verschollen auf. Der Verlust war hoch, da die FRIEDRICH FRANZ nicht verassecuriert (versichert) war. Im Frühjahr 1845 trat Cordes mit seiner Besatzung auf einem anderen Schiff die Heimreise nach Wismar an.

Monate vergingen. Am Morgen des 26. Juli 1845 lief aus dem Hafen von Kertsch ein kleiner Küstensegler unter Schiffer Paraskewa Balsamo nach Guenitsch aus, um dort eine Ladung Salz zu übernehmen. Widrige Winde zwangen den Skipper, ständig zu kreuzen. So geriet die Küste allmählich aus dem Blickfeld.

Am Vormittag des 30. Juli wurde voraus ein scheinbar ankerndes Schiff gesichtet. Das erschien bei der Entfernung von der Küste doch etwas ungewöhnlich. Vielleicht wurde Hilfe benötigt? Schiffer Balsamo entschloß sich, das Fahrzeug anzulaufen. Im Näherkommen bemerkte er, daß die Segel gerefft und der Anker ausgebracht worden war. An Deck aber war kein Mensch zu sehen. Überhaupt machte das Fahrzeug den Eindruck einer gewissen Öde.

Balsamo ließ in sicherer Entfernung beidrehen und ein Boot aussetzen. Im Heranrudern erkannte er in dem Dreimaster die im vergangenen Herbst gesuchte und schließlich als verloren gemeldete mecklenburgische Bark. Er umrundete einmal das Schiff. Kein Zweifel mehr. Am Spiegel stand in großen Buchstaben FRIEDRICH FRANZ. Bevor er mit einem seiner Schiffsgesellen an Bord ging, bekreuzigt er sich mehrfach nach russischer Art. Dieses Schiff ist ihm, dem erfahrenen Seemann, doch zu unheimlich. Auch sein Rudermann spricht von einem Geisterschiff. Aber die Bark ist Realität und wiegt sich in den Wellen. Vorsichtshalber, und mehr, um sich Mut zu machen, ruft Balsamo das Schiff noch einmal an. Er bekommt keine Antwort. Nun klettert er an Bord. Der Matrose bleibt im Boot zurück.

Von wenigen unbedeutenden Beschädigungen abgesehen, schien an Deck alles in Ordnung zu sein. Sogar die Schaluppe und ein weiteres Boot hingen ordentlich verzurrt in den Taljen. Nun betrat Balsamo das Deckhaus. Papiere, Bücher und Habseligkeiten der Besatzung befanden sich noch an

Treibendes Wrack

ihren Plätzen. Nur einige Gegenstände lagen verstreut auf dem Fußboden umher. Danach öffnete der Schiffer eine der Luken zum Laderaum. In den Raum war nur wenig Wasser eingedrungen. Dafür roch es aber unerträglich nach gärendem Korn und den Kadavern eines Schweins, einer Ziege und mehreren Hühner, die inzwischen verendet waren. Schnell machte er wieder alles dicht und ließ sich zurückrudern.

Nach reiflicher Überlegung entschloß sich Schiffer Balsamo, den überwiegenden Teil seiner Besatzung auf die Bark umsteigen zu lassen. Die Bark war so gut erhalten, dass der Küstensegler von ihr in Schlepp genommen werden konnte.

Nachdem die russische Mannschaft die FRIEDRICH FRANZ etwas aufgeklart hatte, wurde der Anker gehievt. Die Kette lief ein, doch zur größten Verwunderung aller kam kein Anker aus dem Wasser, sondern an ihrem Ende ein etwa 50 Pud schwerer Erdklumpen. Der große Anker war auf Taganrog Reede geblieben. Die vollständig ausgelaufene Kette hatte jedoch, auf dem Grunde schleifend, Masse Schlamm und Erde gesammelt, die schließlich so kompakt geworden war, daß sie das Fahrzeug wie ein Anker halten konnte. Als sich die allgemeine Verwunderung gelegt hatte, ließ der Schiffer einige Segel setzen und Kurs auf Kertsch nehmen.

Am Morgen des 7. August 1845 lief FRIEDRICH FRANZ mit dem Küstensegler in Schlepp in den Hafen von Kertsch ein. Bald war der Kai dicht mit Menschen besetzt, denn alle wollten das Wunder erleben, das verloren geglaubte Schiff sehen, das mehr als acht Monate lang ohne Besatzung als ein Fliegender Holländer über das Meer geisterte.«

Das Beispiel mag andeuten, dass es gar nicht selten vorkam, dass die Fahrensleute auf hoher See ein unbemanntes Schiff oder ein treibendes Wrack sahen, das ihnen Furcht und Schrecken einflößte. Immer wieder erhielt die Legende vom Fliegenden Holländer neue Nahrung.

ACHTES KAPITEL

Der Fliegende Holländer in der Kulturgeschichte

Bislang wurden zahlreiche Indizien und Beweise zusammengetragen, die Aufschluss darüber geben, dass die Sage vom Fliegenden Holländer durchaus einen realistischen Hintergrund besitzt. Sie wurde durch tausendfache Erlebnisse der Seeleute lebendig gehalten und ist fest in der Kulturgeschichte der seefahrenden Völker Europas und Amerikas verankert.

Rolf Engert schrieb 1927 im Heft 173 der Reihe »Meereskunde«: »Dem fliegenden Holländer, der gemäß seiner Selbstverwünschung verflucht wurde, ewig vergeblich am Kap der guten Hoffnung gegen die Stürme aufzukreuzen, wurden schließlich als dem Gespensterschiff alle Meere eingeräumt. Überall kann er jetzt angetroffen werden, wenn man ihm auch vornehmlich am Kap begegnen mag. Er bekommt so allmählich eine meerbeherrschende Geltung [...]. War nach der ursprünglichen Verfluchung der Sturm sein Segelwind, so erscheint er jetzt auch in Stille. Zu allen Zeiten taucht er auf, in tiefer Nacht, am hellichten Tage und in dem fahlen Schein der Dämmerung. Alles was über die Geisterschiffe überhaupt erzählt wird, wird nach und nach auch auf ihn übertragen. Bald sind Schiff und Takelage schwarz, dann wieder grau und durchschimmern wie Spinngewebe, Flagge und Lichter meist blutrot. Bald ist er von Blitzen umzuckt, dann wieder geht ein metallschimmerndes Licht von ihm aus, hüllt Rumpf und Masten in eine ungewisse Helle, oder es flammen höllische Feuer an den Spitzen seiner Masten und Stengen. Einmal erscheint er ganz lautlos, ein anderes Mal kündet er sich durch ein tolles Getöse an, zuweilen arbeitet er sich schwer durch die See und laviert nur mühevoll im Winde, zuweilen fliegt er in unbegreiflich schneller Fahrt mit vollen Segeln vorm Sturme hin.

Diese Verschiedenartigkeit seines Erscheinens wird schließlich sogar grundsätzlich mit seiner Zauberkraft erklärt, die ihn befähigt, sein Aussehen nach Belieben zu verwandeln, um nicht erkannt zu werden.«

Die gefürchteten Wasserhosen

Den eigentlichen Kern der Holländersage brachte Arthur Breusing, der langjährige Leiter der Seefahrtsschule Bremen, auf den Punkt. Er schrieb 1889 zur Holländersage: »Der Führer des gespensterhaften Schiffes hat sich einmal bei widrigem Winde vermessen, daß er um das Kap herum wolle und wenn er auch bis in die Ewigkeit segeln müsse, und dabei ist er festgehalten; er muß nun ewig gegen den Wind kreuzen, ohne weiter kommen zu können. Das ist die einfache Sage, wie sie bei den Matrosen umgeht. Von dem, was Heinrich Heine und Richard Wagner daraus gemacht haben, weiß der schlichte Seemann nichts.«

Offen bleibt noch die Frage, ob es denn nun wirklich ein konkretes Vorbild für diese Figur gegeben hat? Waren die Kapitäne aus Holland mit Namen Barent Fokke, Van Straaten oder Van der Dekken tatsächlich, wie behauptet wird, die wirklichen Fliegenden Holländer? Wenn ja, welcher von ihnen?

Oder war es, wie A. E. Brachvogel schon in seinem Roman »Der fliegende Holländer« behauptet, vielleicht ein Seegeuse namens Dietrikson? Oder war ein Seegeusen-Kapitän namens Jan Hendrikson, der Rote Jan, wie Heinz Neukirchen in seiner Veröffentlichung »Die Seegeusen« es vertrat, der eigentliche Fliegende Holländer, der im Kampf gegen die mächtigen spanischen Unterdrücker unter deren Schiffen gewaltig aufräumte?

Tatsächlich stimmt das, was von Leben und Taten dieser Kapitäne überliefert wurde, auffallend mit Details aus der Sage vom Fliegenden Holländer überein. Doch diese Übereinstimmung verdeutlicht auch, dass sie es gewiss nicht in persona gewesen sein können, die die Legende in die Welt gebracht haben. Nach allem was die historischen Quellen bieten, ist es wahrscheinlicher, dass die holländischen Kapitäne erst durch entsprechende Erzählungen über ihre Eigenarten und durch die daraus resultierende öffentliche Meinung mit dem bereits vorhandenen Begriff »Fliegender Holländer« und dem daran geknüpften Sagenschatz in Zusammenhang gebracht wurden.

Es scheint jedoch so zu sein, dass die Autoren, die sich auf einen exakten Namen festgelegt haben und in diesem den eigentlichen Holländer sehen möchten, sich im Unrecht befinden. Das vertreten auch der Göttinger Professor Helge Gerndt und schon in den 20er Jahren des vorigen Jahrhunderts der Volkskundler Dr. Rolf Engert.

Vielmehr wird sich die Legende auf einer sehr realistischen Grundlage herausgebildet haben. Bald wurde sie ständig durch nachhaltige Seeerlebnisse angereichert, gewann unaufhörlich an Lebenskraft, bis die Fiktion sogar als Tatsache hingenommen wurde. Keinem der Kapitäne Barent Fokke oder Van der Dekken kann deshalb das Recht eingeräumt werden, allein er sei der verfluchte, ewig auf See kreuzende Holländerkapitän gewesen. Der mögliche Werdegang der Sage soll deshalb hier zusammengefasst dargestellt werden.

Ihre Entstehungszeit fällt zweifellos mit den großen Entdeckungsreisen, vor allem mit der Suche nach dem Seeweg ins entfernte Indien, zusammen. Bereits zu Lebzeiten Bartolomäo Dias dürften seine Berichte und die seiner Besatzung nach seiner durch Sturm und Meuterei erzwungenen Rückkehr von der Umschiffung des Kaps der Guten Hoffnung für genügend Erzählstoff unter dem seefahrenden Volk gesorgt haben.

Vasco da Gama erzwang schließlich Umschiffung und Weiterfahrt nach Indien. Wir erinnern uns: Er ließ sogar Steuermann und Schiffsmeister in Ketten legen und warf die Seekarten ins Meer, allein auf Gott bauend. Bei Gaspar Correa in

»Lendas da India« (16. Jahrhundert) ist über Vasco da Gamas Ausruf am Kap zu lesen: »Von heute an habt ihr nicht Steuermann noch Schiffsmeister, sie liegen in Ketten drunten im Raum. Ich will hinfort nicht Schiffsmeister noch Pilot; Gott sei von nun an der Steuermann. Sein Wille geschehe! Und nach Portugal kehren wir nicht um!« Das war der verhängnisvolle Schwur, von dem die Sage berichtet und der den Seefahrern Erzählstoff bot.

Und dann verlor Dias bei der erneuten Reise im Geschwader Cabrals genau am Kap der Guten Hoffnung in einer Wasserhose sein Leben. Hatte sich das bezwungene Kap dadurch an seinem Bezwinger gerächt?

Tatsächlich erfuhr der Seemann durch Erzählungen oder durch eigenes Erleben, dass das verfluchte Kap der Guten Hoffnung vielen Schiffen immerfort Unglück, großes Unglück brachte.

Portugals König Juan II. hatte seinen Entdeckern strikt verboten, unterwegs Land zu betreten. Er wollte, dass sie durchhielten, nicht etwa umkehrten, wie sein Kapitän Dias. So sind bereits zu jener frühen Zeit alle Bestandteile der eigentlichen Urlegende vorhanden: Das Kreuzen gegen den Sturm, das Nicht-Anland-Dürfen, der Fluch, der Schiffbruch.

Alsbald wurden die verschiedensten Geschichten vermengt. Was einst Dias, was da Gama anging, wusste niemand mehr genau zu sagen.

Als zu Beginn des 17. Jahrhunderts die Holländer mit ihren schnellen Segelschiffen ins Seegeschehen eingriffen, da waren sie mit einem Mal für die Spanier, Portugiesen und Engländer zu ernsten Konkurrenten geworden. Sie fuhren ihnen einfach davon. Man meinte, dass der Teufel mit ihnen im Bunde sei. Politische und ökonomische Widersprüche zwischen den um Seegeltung ringenden Nationen traten nun offen zu Tage.

Die freiheitsliebenden Niederländer wurden von den im feudalen Denken verharrenden Mächtigen in Britannien, Spanien und Frankreich misstrauisch beobachtet. Der Name »The Flying Dutchman« und die Tatsache, dass die Sage zunächst zu Beginn des 19. Jahrhunderts im englischen Sprachraum niedergeschrieben wurde und dort Verbreitung fand, zeigt aber auch, dass die Briten ihr ganz spezielles Ver-

Unglück vor Kap Hoorn

hältnis zur holländischen Seefahrt hatten. Sie hatten zunächst eine Zeitlang die Seegeusen in ihrem Kampf gegen Spanien unterstützt. Die britische Königin Elisabeth I. gewährte ihnen sogar Unterschlupf. Und die spanische Armada wurde im Waffenbündnis zwischen Engländern unter Führung Francis Drakes und den Seegeusen im Sommer 1588 vernichtend geschlagen. Aber als die Niederländer zu Beginn des 16. Jahrhunderts das Handelsmonopol in Europa an sich brachten, wurden sie der britischen Krone sehr lästig. Viele erbitterte Seegefechte, oft nur wegen ausbleibender Ehrerbietung für die britische Flagge, waren die Folge. Die siegreichen holländischen Admirale Tromp und de Ruyter schrieben dabei ein bedeutendes Stück Seekriegsgeschichte und gaben gewiss mit ihren schnellen Segelkriegsschiffen der Holländerlegende reichlichen Zündstoff. So blieb die Sage von nun an alle Zeit mit den damals progressiven Holländern verbunden. Auch als ihre große Zeit vorüber war.

Auch Waltraud Woeller stützt diese These, indem sie schreibt: »Der Prozeß der Verteufelung, der die Kapitänsgestalt prägt, wurde dadurch begünstigt, daß zu jener Zeit, um die Wende vom 17. zum 18. Jahrhundert, die Holländer [...] auf Grund ihrer seemännischen Erfahrungen einen neuen Schiffstyp, die Fleute entwickelt hatten. Es war ein Dreidecker mit niedriger Vollschiffstakelung, der sich gut und schnell segeln ließ und sich als sicheres Transportschiff bewährt hatte. Dieser Schiffstyp wurde von anderen europäischen Handelsstaaten und seefahrenden Nationen nicht gebaut, allein die Niederländer besaßen dafür die notwendigen nautischen Kräfte. So gelangen den holländischen Kapitänen überraschende, den Neid der Konkurrenten erregende schnelle Fahrten über die Weltmeere, wobei das besondere seemännische Geschick einzelner Kapitäne sicher noch mitgewirkt hat. Von einem der Holländerkapitäne, der auch in einzelne Sagenvarianten einrückte, wird berichtet, er habe seine Masten mit eisernen Stangen verstärkt und bei Dunkelheit die Segel nicht eingezogen, so daß er die Reise von Holland nach Java in 90 Tagen zurücklegen konnte.«

Aus der »Lendas da India« ließe sich noch eine weitere Urfassung der Holländersage herauslesen. Sie lautet: »Ein holländischer Schiffskapitan namens Van der Dekken aus dem Gebiete der Stadt Terneuse, der ums Jahr 1600 auf einer Reise nach Indien begriffen war, suchte vergeblich das Kap der guten Hoffnung zu umsegeln.

Da tat er den Schwur, er wolle trotz Sturm und Wellen, trotz Donner und Blitz, trotz Gott und Teufel um das Kap herumfahren, und wenn er bis zum jüngsten Tag segeln sollte. Da rief eine Stimme vom Himmel: ›bis zum jüngsten Gericht‹.

So muß er immer noch fahren. Sein Schiff ist schwarz und führt eine blutrote Flagge, es fährt im ärgsten Sturmwind unter vollen Segeln, sein Erscheinen kündigt den Fahrzeugen, welche ihm begegnen, Sturm oder Untergang an.«
Alles was in späteren Jahren auf See an Mysteriösem und Unerklärbarem vorkam, wurde dann den unbequemen Holländern angelastet. Doch zugleich spiegelt sich in der Holländersage auch der Vorwärtsdrang, die Verwegenheit und die Risikobereitschaft des aufstrebenden Bürgertums wider.

Es ist einleuchtend, dass Rolf Engert sogar den Vergleich der Sage vom Fliegenden Holländer mit Dr. Faustus und Don

Juan wagte. Er meinte, dass neben dem universellen Erkenntnisdrang des Dr. Faustus und dem sinnlichen Genussverlangen eines Don Juan der titanische Tatendrang eines Fliegenden Holländers gehörte, der diesen veranlasste, die Grenzen des Möglichen zu überwinden.

Nicht zuletzt spiegelt sich in der von Tatsachen untermauerten Legende vom Fliegenden Holländer auch der Geist der Renaissance wider, der besonders von der Besinnung des Menschen auf sich selbst geprägt war.

Und tatsächlich. Noch immer besitzt die Holländersage eine große Ausstrahlung. Sie erschließt insbesondere die reiche Gefühlswelt der Seeleute. Sie berichtet von deren Leben auf See, von ihren Nöten und von ihren Ängsten, vielleicht ewig auf See kreuzen zu müssen. Sie erzählt aber auch von ihrer Liebe zum Meer, von ihrem unstillbaren Drang, immer aufs neue hinaus zu fahren auf das unendliche und gefährliche Meer. Und sie offenbart auch die immer währende Sehnsucht der Seeleute nach ihren Lieben daheim.

»Seefahrt tut Not!« – dieser Spruch der Römer gilt heute sowohl für die friedliche Handelsschifffahrt, als auch für die Marinen der Welt oder auch die Hochseefischerei.

Auch wenn das Meer heute noch stets aufs Neue hart zuschlägt und Opfer verschlingt – sie alle sind einem Fliegenden

Holländer nicht mehr anzulasten. Auf diesen Gedanken käme in unserer modernen und technisierten Welt niemand mehr.

Denn mit dem Ende der Segelschifffahrt verschwand auch das Phantom des Gespensterschiffes von den Ozeanen. Der Fliegende Holländer ist niemals wieder gesichtet worden.

QUELLENVERZEICHNIS

Däbritz, R.: Der fliegende Holländer von Wismar. Marinekalender der DDR, Berlin 1986
Engert, R.: Die Sage vom fliegenden Holländer. Schriftenreihe Meereskunde. Heft 173. Berlin 1927
Flohr, D.: Wer war der fliegende Holländer? Rostock 1989
Gerds, P.: Das Holländerlied wurde auf einem mecklenburgischen Segler geboren. Mecklenburg-Magazin(SVZ) vom 11. 12. 1998 und 12. 11. 1999
Gerndt, H.: Fliegender Holländer und Klabautermann, Göttingen 1971
Hanke, H.: Seemann, Tod und Teufel. Rostock 1967
Hulsius, L.: Kurtze wahrhaftige Beschreibung der newen Reyse oder Schiffahrt [...] Nürnberg 1598
Kennedy, P. M.: Aufstieg und Verfall der britischen Seemacht. Bonn 1978
Marryat, F.: Das Geisterschiff oder der fliegende Holländer. München 1973
Salentiny, F.: Die Gewürzroute. Die Entdeckung des Seeweges nach Asien. Köln 1991
Siegel, R. (Hg.): Die Flagge: Geschichte der Entwicklung der auf den Kriegs- und Handelsschiffen zur Verwendung kommenden Flaggen, unter Berücksichtigung des Gebrauchs von Flaggen zu Signal- und Salutzwecken. Berlin 1912
Trommer, H.: Das Leuchten des Meeres. Rostock 1966
Woeller, W.: Die Sage vom Fliegenden Holländer. Deutsches Jahrbuch für Volkskunde, Rostock 1968
Wossidlo, R.: Reise Quartier in Gottesnaam, Rostock 1969